당신의 세일즈를
페이백에 담아라

당신의 세일즈를 페이백에 담아라

초판 1쇄 발행 2006년 8월 7일

지은이 최상택
펴낸이 김건수

펴낸곳 김앤김북스
주소 서울시 중구 수하동 40-2 우석빌딩 903호
전화 773-5133 팩스 773-5134
이메일 knk@knkbooks.com
출판등록 2001년 2월 9일 (제12-302호)

ISBN 89-89566-22-3   03320

책값은 뒤표지에 있습니다.

당신의 세일즈를 페이백에 담아라

| 최상택 지음 |

김앤김
북스

5장 ANSWERING OBJECTION 반론 극복과 협상

6장 CLOSING 세일즈 클로징

　세일즈 환경이 급변하고 있다. 고객들이 변하고 있고 경쟁사들도 변하고 있다. 기존의 전통적 세일즈 방식과 관행은 나름대로 유효한 면이 있었지만 이제는 새로운 변화와 혁신이 요구되고 있다. 과거와 같은 전통적 세일즈 방식으로는 급변하는 세계화 시대에 살아남을 수 없다. 변화된 환경에 맞는 새로운 사고방식과 세일즈 전략으로 무장해야 하며 글로벌 표준에 맞는 세일즈 방식과 관행을 따르고 실천해야 한다. 이를테면 우리의 세일즈 관행에서 갑을 관계는 잘못된 것이다. 이제 더 이상 모든 거래 관계에서 수직적이고 종속적인 거래 관계는 사라져야 한다. 대신 상호 의존적이고 보완적인 관계를 통하여 서로가 승자가 되는 세일즈 관행이 정착되어야 한다.

　한국적 세일즈 방식의 또 하나의 특징은 지나친 대인 세일즈에 있다. 많은 세일즈맨들이 제품이나 서비스가 고객에게 가치가 있음을 알리기보다는 거래 당사자들의 비위 맞추기에만 급급하는 모습을 보이는 것이다. 세일즈에서 이런 현상들이 과잉 접대나 로비로 나타나고 세일즈의 생산성과 품질 수준을 떨어뜨리는 원인이 되기도 한다. 다국적 기업에 근무하는 외국인들의 이야기를 들어보면 세일즈 활동에 한국처럼 접대비가 많이 드는 나라는 세계에서 흔치 않다고 한다. 이들은 우리의 이런 세일즈 접대 문화에 대해 '소주와 갈비 세일즈'라고 비아냥거리기도 한다.

이는 우리의 전통과 경제 환경 등 여러 요소들이 뒤섞여 나타나는 일종의 문화 현상이다. 그러나 지금의 시점에서 해결책은 세일즈맨들 스스로가 잘못된 세일즈 방식과 관행을 과감하게 혁신하는 길 밖에는 다른 방법이 없다.

컨설팅 세일즈가 해결책이다

오늘날 급변하는 경제 환경 하에서 세일즈맨들은 생존경쟁에 내몰리고 있다. 모든 분야에서 공급이 수요를 초과하고 있고, 전자 상거래 규모는 매년 급증하고 있다. 기업들도 세일즈 조직을 점점 소수 정예화하고 있다. 이제 과거와 같은 단순히 주문을 받고 처리하는 세일즈 인력들은 줄어들고 있고, 그 대신 고객을 상대로 컨설팅을 제공하는 세일즈 컨설턴트들이 그 자리를 채워가고 있다. 이제 우리나라에도 세일즈 컨설턴트 시대가 도래한 것이다.

세일즈는 이제 더 이상 대부분의 사람들이 꺼리는 비인기 직종이 아니다. 우리 사회의 최고 전문직이라 할 수 있는 의사나 변호사들의 수입을 능가하는 소득을 올리는 전문직 세일즈맨들도 생겨나고 있다. 이런 추세는 현재 진행되고 있는 여러 자유무역 협정들이 체결되고 나면 더욱더 가속화될 것이다. 특히 해외 세일즈의 경우는 글로벌 표준의 준수는 물론이고 현지 상관습에 맞는 세일즈 활동이 요구되고 있다.

세일즈의 본질은 고객을 위한 가치 창조 활동이다. 고객들은 제품이나 서비스 자체를 구매하려는 것이 아니라 이런 구매를 통하여 자신들의 욕구나 문제를 해결하려 하는 것이다. 이런 믿음과 인식에 기초해 세일즈를 실천하는 것이 컨설팅 세일즈이다. 컨설팅 세일즈 기법은 전통적인 밀어붙이기식 세일즈와 고객 중심의 선진 세일즈 방식을 가르는 갈림길이 된다.

PAYBACK 시스템을 활용하라

이 책은 세일즈맨들이 각자의 분야에서 성공적인 세일즈 컨설턴트로 다시 태어날 수 있도록 하는 데 초점이 맞추어져 있다. 필자는 1991년 이래 국내 대기업 및 다국적기업들의 세일즈 현장에서 다양한 형태의 세일즈 마케팅 교육 훈련 및 컨설팅 프로젝트를 수행해오고 있다. 이 책은 필자의 현장 체험을 토대로 체계적이고 과학적인 세일즈 프로세스를 제공하는 데 그 목적이 있다. 세일즈는 고객으로부터 주문을 받아내는 단기적 기술이 아니라 지속적인 고객 가치의 창조를 위해 고도의 창의력과 커뮤니케이션 기술이 요구되는 일종의 커뮤니케이션 시스템이다.

이런 세일즈 커뮤니케이션 시스템을 필자는 PAYBACK 시스템이라 부른다. 이 책은 7단계 PAYBACK 시스템을 따라 구성되어 있다.

1장 '목적의식과 목표 관리(PURPOSE)'에서는 세일즈맨으로서 가져야 할 목적의식과 세일즈 목표 관리에 대해 설명한다. 특히 급변하는 세일즈 환경에 어떻게 대처해야 하는지를 자세히 제시한다. 프로 세일즈맨으로서의 성패는 확고한 목적의식과 체계적이고 과학적인 목표 관리에 있음을 강조한다.

2장 '관심 확보와 고객 개발(ATTENTION)'에서는 고객들과 만날 때 구체적으로 어떻게 하면 고객의 관심을 끌 수 있는지 다양한 사례와 연습문제를 통해 설명한다. 또한 고객 개발의 중요성과 구체적인 전략들을 제시한다. 세일즈는 고객들을 찾아내고 그들의 관심을 불러일으키는 활동이라 할 수 있다.

3장 '고객 욕구 파악(YOUR QUESTIONS)'에서는 질문과 커뮤니케이션 기술의 중요성을 다양한 예화와 사례를 통해 설명한다. 세일즈는 결국 고객과의 커뮤니케이션 활동이기 때문이다.

4장 '이점 판매와 제안 설득(BENEFITS SELLING)'에서는 효과적인 제안 설득을 위한 오쎄분식 기법과 제안 설득 기술에 대해 체계적으로 설명한다.

5장 '반론 극복과 협상(ANSWERING OBJECTION)'에서는 세일즈 활동에서 고객 반론의 의미와 효과적인 극복 기술들에 대해 설명한다. 특히 오늘날의 세일즈에서는 대부분의 고객 반론들이 협상으로 이어지기 때문에 협상 전략에 대해서도 심도 있게 다루고 있다.

6장 '세일즈 클로징(CLOSING)'에서는 세일즈 클로징 시 유의해야 할 사항들과 세일즈 현장에서 활용할 수 있는 클로징 기법들을 소개한다.

7장 '고객 관리(KEEPING CUSTOMERS)'에서는 성공적인 고객 관리를 위해 가져야 할 마음가짐과 구체적인 실천 전략들에 대해 설명한다.

이러한 PAYBACK 시스템을 이해하고 꾸준히 실천하는 사람들은 반드시 그 보상을 받게 될 것이다. PAYBACK은 지금까지 설명한 7 가지 세일즈 프로세스의 첫 글자를 딴 합성어이기도 하지만 노력한 대가를 돌려받는다는 의미를 가진 영어 단어이기도 하다.

실천하고 또 실천하라

세일즈는 이해의 대상이 아니라 실천의 대상이다. 무엇을 이해한다는 것과 그것을 일상 업무를 통해 실천한다는 것은 별개의 문제이다. 세일즈에는 왕도가 없다. 비단 세일즈뿐만 아니라 모든 분야에서 탁월한 성과를 이루어 내는 사람들은 자신의 분야에서 요구되는 기본을 철저하게 마스터하고 실천하는 사람들임을 명심하자.

이 책을 통해 제시된 7가지 세일즈 프로세스, 즉 PAYBACK 시스템은 프로 세일즈맨으로서 실천해야 할 기본 사항들이다. 그것은 시간과 공간을 넘어 누구에게나 적용될 수 있기 때문에 성공 세일즈를 위한 영원불변의 요소들이라 할 수 있다.

흔히 세일즈맨들은 세일즈가 뜻대로 되지 않으면 모든 것을 남의 탓으로 돌리는 경향이 있다. 이를테면 경기 탓으로 돌리거나 제품의 경쟁력이나 고객 탓을 하면서 세일즈 부진을 스스로 합리화하거나 실의에 빠져 자포자기하는 경우도 있다. 이것은 매우 잘못된 것이다. 프로의 세계에서 성패는 전적으로 자기 자신의 몫이기 때문이다. 프로는 남을 탓하기에 앞서 스스로를 되돌아볼 수 있어야 한다.

세일즈맨으로서의 성패는 지속적인 자기 계발 노력에 달려 있다. 세일즈는 고도의 두뇌 활동이다. 지금까지 설명한 PAYBACK 시스템을 여러분의 두뇌 속에 장착하고 끊임없이 프로그램을 실행하기 바란다. PAYBACK 시스템이 제2의 천성처럼 습관화된다면 세일즈맨으로서 당신의 성공은 틀림없이 보장될 것이다. 그것은 세일즈맨들이 지금까지 잘못된 세일즈 관행에서 탈피하여 일류 세일즈맨이 될 수 있도록 지렛대 역할을 할 것이다.

이 책은 세일즈 분야에 오랜 경험을 가진 세일즈 전문가들은 물론 아직 현장 경험이 충분하지 않은 초보자들 모두를 위해 쓰여졌다. 전문가들의 경우는 전체 내용을 처음부터 끝까지 차례대로 읽는 것이 좋다. 그러나 초보자들의 경우는 그때그때 필요한 부분만을 찾아서 읽을 수 있도록 매뉴얼 형태로 구성했다. 아무쪼록 이 책을 통해 모든 세일즈맨들이 각자 맡은 분야에서 지금까지와는 다른 한 차원 업그레이드된 활동을 펼칠 수 있게 되기를 바란다.

끝으로 그동안 이 책의 출간을 위해 모든 노력을 아끼지 않은 택 인터내셔널의 임직원 여러분에게 심심한 감사의 말씀을 드린다.

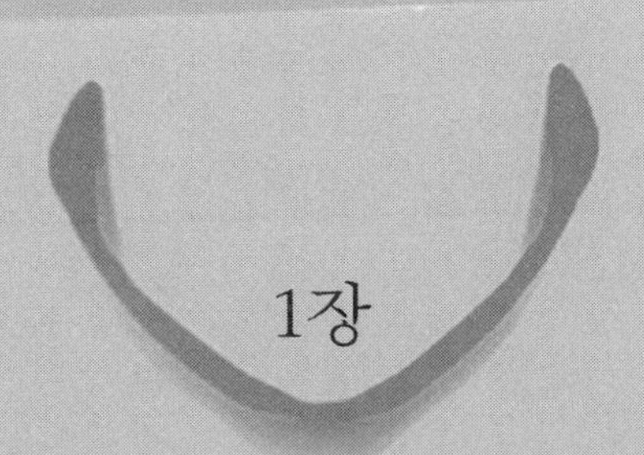

1장

PURPOSE
목적의식과 목표 관리

목적의식을 가져라

한 동네의 성당 신축 공사장에서 석공 셋이 돌을 다듬고 있었다. 때마침 그 성당의 신부가 지나가다가 이들을 보고 노고를 치하하면서 각자에게 지금 하고 있는 일에 대해 물어보았다.

첫 번째 석공이 대답했다.

"돈벌이를 하고 있죠. 이 일은 저의 유일한 생계수단이거든요."

두 번째 석공이 대답했다.

"여기 있는 작업 지시서와 도면에 따라 열심히 일을 하고 있습니다. 솔직히 다른 것에 대해서는 더 이상 관심이 없습니다."

세 번째 석공이 대답했다.

"이것은 성당 공사에 들어갈 석조물들입니다. 두고두고 모든 사람들이 좋아할 걸작품을 만들어 보려고 합니다."

당신이 만약 이 성당의 신부라면 위의 세 사람 가운데 누구를 가장 신뢰하고 좋아하게 될까? 앞으로 만약 이와 비슷한 공사를 해야 할 일이 생긴다면 누구에게 일거리를 맡기게 될까? 물론 당신의 대답은 세 번째 석공일 것이다.

위의 예에서 첫 번째 유형의 석공은 직업인으로서 목적의식과 사명감을 갖고 있지 않다. 이런 사람은 항해할 목적지도 정하지 않고 닻을 올리는 뱃사공과 같은 사람이다. 애당초 자신이 정한 목적지가 없기 때문에 항해 도중 폭풍이 불어 제멋대로 떼밀려가도 그에게는 하등 이상할 것이 없다. 이런 사람은 한 번뿐인 자신의 소중한 삶을 아무렇게나 살아가는 사람이라고 할 수 있다.

두 번째 석공도 첫 번째 석공보다는 좀 나을지 모르지만 그에게도 직업의 의미는 단지 호구지책을 위한 생계수단에 불과하다. 세 번째 유형의 석공이야말로 우리 직업인들이 본받아야 할 전형이라 할 수 있다. 이런 사람은 항상 자신이 하고 있는 일에 대해 확고한 목적의식을 가지고 있다. 석공들의 이야기는 오늘을 살아가는 모든 직업인들에게 공통적으로 적용되는 이야기이기도 하다. 우리가 흔히 이야기하는 '프로'라는 낱말은 절대자의 '부름'(Call), '소명한다'(Profess)라는 뜻을 담고 있다.

세일즈의 세계에서 남다른 성공을 거두려면 우선 자신이 왜 그 일을 위해 최선을 다하지 않으면 안 되는지 스스로 자각하지 않으면 안 된다. 일에 대한 확고한 의식 없이는 어떠한 확신도 가질 수 없다. 그리고 확신이 없다면 절대 고객을 설득할 수 없다. 왜냐하면 고객들은 항상 예리한 이성과 감성으로 세일즈맨을 대하기 때문이다.

세일즈맨이 빠지기 쉬운 매너리즘

성공하는 세일즈맨이 되려면 늘 확고한 목적의식을 가져야 할 뿐만 아니라 변화하는 시장 환경과 고객들의 욕구를 파악하기 위해 언제나 깨어 있어야 한다. 세일즈맨이 깨어 있지 못하고 고정관념과 매너리즘에 빠져 있다면 스스로 무덤을 파는 것과 같다. 고객은 누구나 자신이 당면하고 있는 과제에 귀 기울이고 있는 세일즈맨을 선호하기 때문이다. 고정관념과 매너리즘은 창의적이고 효율적인 세일즈 활동을 가로막는 가장 큰 걸림돌이다.

세일즈맨이 빠지기 쉬운 매너리즘에는 다음과 같은 것들이 있다.

- 자신의 직업과 업무에 흥미와 열정을 느끼지 못한다.
- 자신을 좋아하는 고객들만을 선호하고 접근하기 힘든 잠재 고객들을 기피한다.
- 체계적이고 계획적으로 영업을 수행하는 것이 아니라 즉흥적, 피동적, 방어적 영업으로 일관한다.
- 자기관리와 시간관리가 잘 이루어지지 않는다.
- 근무 강도와 실적에 기복이 심하다.
- 자신의 직업과 업무에 대하여 회의감에 빠진다.
- 신규 고객 개척과 방문이 잘 이루어지지 않는다.
- 최종 의사결정권자들을 만나는 전 단계에서 어려움을 겪는다.
- 최종 의사결정권자를 만나는 것을 두려워하고 기피하면서 가능하면 일선담당자를 통해 해결하려 한다.
- 체계적인 영업을 하지 않기 때문에 정확한 예측이 어렵다.
- 주요 거래처의 경우 의사결정권자들에 대한 차별화된 접근이 이루어지지 않는다.
- 오랜 시간과 단계를 거쳐서 이루어지는 주문의 경우 체계적인 후속 작업이 잘 이루어지지 않는다.
- 상대편의 기분을 상하지 않게 하면서 중요한 정보를 수집할 수 있는 다양한 질문기술이 부족하다.
- 고객의 이야기를 끝까지 적극적으로 듣는 노력과 인내심이 부족하여 결정적인 정보를 놓친다.
- 고객의 의도적인 침묵 전술에 말려들어 불필요한 정보를 공개함

으로써 회사에 손해를 끼친다.

- 고객으로부터의 중요한 정보나 암시를 흘려버림으로써 중요한 기회를 놓쳐 버린다.
- 반론을 제기하고 부정적인 입장을 취하는 고객들을 자기 편으로 끌어들이는 기술이 부족하다.
- 고객의 당면과제와 구매동기를 파악하는 기술이 부족하다.
- 어느 시점에서 어떠한 방법으로 판매 종결을 유도해야 하는지 잘 모른다.
- 마무리 시 긍정적인 확답을 요구하기보다는 "한번 고려해보십시오." "결정되시면 저에게 연락을 주십시오" 하는 등 소극적인 방법으로 일관한다.
- 결과적으로 제품을 구매하지 않게 될 고객들에게 불필요한 사후 관리나 자료 제공을 함으로써 시간과 자원을 낭비한다.
- 한두 번 방문이면 충분하게 종결할 수 있는 상담을 상담 기술 부족으로 네다섯 번씩 방문하여 마무리하는 경향이 있다.
- 상황파악 능력이 부족하여 정직하지 못한 고객들에 의해 농락당하는 경우가 있다.
- 상황을 종합적으로 파악하고 전략적으로 대처하는 능력이 부족하여 결정적인 주문을 놓쳐버린다.
- 기존 거래처의 성공 사례를 마케팅에 적극적으로 활용하는 능력이 부족하다.

세일즈는 마음가짐이다

세일즈에서 가장 경계해야 할 대상은 경쟁자가 아니라 바로 자기 자신이다. 자신의 내면에 도사리고 있는 나약하고 이기적인 자아는 스스로를 나태하고 자기중심적으로 만들며 고정관념과 매너리즘에 빠져들게 한다. 세일즈의 성패는 궁극적으로 이러한 나약하고 이기적인 자신과의 싸움에 달려 있다. 즉 어떤 마음가짐을 갖느냐가 세일즈맨으로서의 미래를 결정하는 것이다.

이나모리 가즈오는 27세에 일본 전자부품 전문 회사인 교세라를 창업하여 세계 100대 기업으로 일구어낸 입지전적인 인물이다. 그는 평소 모든 일의 성패는 그 일을 책임진 사람의 마음가짐과 일에 대한 열정과 노력, 그리고 업무를 수행하는 능력 등 3가지 요소에 의해 결정된다는 믿음을 가지고 있었다. 그는 이 3가지 요소들 간의 상관관계는 덧셈의 관계가 아니라 곱셈의 관계(업무 성과=사고방식 × 노력 × 능력)에 있다고 보았다. 즉 마음가짐이 일의 성패를 결정하는 가장 핵심적인 요소라는 것이다. 일을 맡은 사람의 마음가짐에 문제가 있어 영(Zero)이나 마이너스 수치를 대입한다면 능력과 노력의 수치가 아무리 높다 해도 전체를 곱한 값은 결국 영(zero)이나 마이너스로 나타난다.

실제로 세일즈맨들 간의 능력 차이는 그다지 크지 않을 수 있으며 비록 능력의 차이가 있다 해도 체계적이고 지속적인 교육 훈련을 통해 얼마든지 극복될 수 있다. 세일즈의 성공뿐만 아니라 그러한 능력의 차이를 극복하기 위해서 중요한 것은 바로 '나도 할 수 있다'라는 적극적이고 긍정적인 열린 마음가짐이다.

나는 싱글 배거인가, 더블 배거인가

흔히 세일즈가 생각대로 되지 않으면 세일즈맨들은 모든 것을 주변 환경 탓으로 돌리려는 경향이 있다. 하지만 세일즈 환경이 아무리 어렵다 하더라도 자신이 하기에 따라 목표 달성은 얼마든지 가능하다. 전체 시장에서 자신의 세일즈 목표가 차지하는 비중은 그다지 크지 않기 때문이다. 하지만 대부분의 세일즈맨들은 자기 자신을 탓하기보다는 자기변명과 합리화에 급급하기 때문에 실패의 길을 걷고 만다.

대형 마트의 계산대 옆에는 막 계산을 끝낸 물건들을 쇼핑백에 담는 일을 하는 사람들이 있는데, 이들을 흔히 배거(bagger)라고 부른다. 싱글 배거는 자신이 맡은 일에 대해 확고한 의식이 없는 배거를 일컫는다. 그는 어쩔 수 없이 일을 하고 있다고 생각한다. 쇼핑백에 물건을 제대로 넣으려면 두 손으로 정성스럽게 다루어야 하지만 싱글 배거는 손에 잡히는 대로 아무렇게나 쑤셔 넣고 고객에게 던지듯이 건네준다. 그러다 보면 쇼핑백은 무게를 이기지 못해 터지는 수도 있다. 이런 상황에서도 싱글 배거는 고객의 기분은 아랑곳하지 않고 봉투 탓을 하면서 자신의 잘못을 끝까지 모면하려 한다.

반면 더블 배거는 많은 물건을 구매한 손님이 오면 한 장의 봉투를 덧씌운 두 겹의 봉투를 준비한다. 그리고 무거운 것부터 차근차근 밑에 넣고 부스러지기 쉬운 것들은 정성스럽게 위에 얹는다. 더블 배거는 자신이 하고 있는 일에 대해 대부분의 사람들이 매우 하찮게 생각하고 있다는 사실을 잘 알고 있다. 그러나 그는 이런 평가나 인식에 그다지 연연해하지 않는다. 그의 내면세계에는 항상 꿈과 목적의식이 불타고 있기 때문이다. 그는 자신의 꿈과 목표를 이루기 위해서는 무엇보다 지금 일하고 있는 분야에서 인정을 받아야 한다는 평범한 진리를 너무나 잘 알고 있다.

더블 배거가 넘치는 기업과 조직은 어떠한 어려운 환경에서도 성공할 수밖에 없다. 그들은 직장을 하루 몇 시간 몸만 머물다 가는 생계의 수단으로 생각하지 않는다. 그들은 자신이 맡은 일에 최선을 다하는 것이 바로 그들의 꿈과 이상을 실현하는 길이라는 것을 알고 있으며 승자의 사고방식으로 무장되어 있다.

뛰어난 세일즈맨은 만들어지는 것이다

한강 물을 팔아먹은 봉이 김선달이 있는가 하면 천하의 명품도 끝내 팔지 못하고 전전긍긍하는 사람들도 있다. 그렇다면 그 차이점은 어디서 오는 걸까? 두 부류 간의 능력의 차이는 선천적인 것일까, 후천적으로 길러지는 것일까?

결론부터 말하자면, 처음부터 뛰어난 세일즈맨은 아무도 없다. 오늘날 이름을 떨치고 있는 세일즈맨들도 모두 걸음마 단계에서부터 시작한 사람들이다. 단지 그들은 확고한 목적의식과 함께 실패를 두려워하지 않는 용기와 불굴의 의지가 있었을 뿐이다. 그들이 그렇게 자랑스러운 위치에 오를 수 있었던 것은 수많은 실패와 시행착오를 이겨냈기 때문이다.

흔히 우리는 성공한 사람들의 화려한 겉모습만 볼 뿐 그들이 기울인 노력에 대해서는 무시하려는 경향이 있다. PGA에서 그랜드슬럼을 달성한 남아공 출신의 게리 플레이어(Gary Player)가 남긴 유명한 말이 있다. 한 신문기자가 그에게 "게리, 당신은 오늘 하루 정말 운이 좋았던 것 같습니다. 왜냐하면 도저히 들어갈 것 같지 않은 긴 퍼팅인데도 거의 실수 없이 다 넣을 수 있었으니까 말입니다."라고 말하자, 게리 플레이어는 미소를 지으면서 다음과 같이 대답했다.

"당신의 말이 옳습니다. 그러나 지금 당신은 한 가지 중요한 사실을 간과하고 있습니다. 당신이 말한 행운의 여신은 우리가 열심히 노력하고 준비할 때만 우리 곁을 찾아오는 것입니다."

우리 주위에도 온갖 장애를 극복하면서 자신의 분야에 우뚝 선 사람들을 흔히 볼 수 있다. 그들의 이런 성공 뒤에는 불굴의 의지와 집

넘, 그리고 끊임 없는 반복 교육과 훈련이 있었다.

비록 그러한 노력이 쉽지는 않겠지만 모든 것을 긍정적으로 받아들이고 하나하나 실천해 가면 자기도 모르는 사이에 제2의 천성, 즉 습관이 된다. 습관이 될 때까지 의식적으로 노력하면 누구나 뛰어난 세일즈맨이 될 수 있다.

다음은 세일즈맨들이 성장하는 단계를 요약 정리한 것이다.

제1단계

- 고객이 주문자로만 보인다.
- 경제적 이익 같은 1차원적 욕구에 민감하다.
- 종종 "내가 과연 해낼 수 있을까?" 하는 회의에 휩싸인다.
- 누군가의 지시에 의존할 뿐 창의적인 모습을 보이지 않는다.
- 고객을 공략해야 할 상대로, 세일즈를 생존경쟁의 장으로 본다.
- 고객의 1차원적 욕구를 충족시키는 기능적 세일즈에 주력한다.
- 세일즈 전문 지식과 경험이 부족하다.

제2단계

- 성취 지향적이다.
- 스스로 문제를 해결해 나간다.
- 전략적인 세일즈 활동에 눈뜨기 시작한다.
- 세일즈 전문가가 되기 위해 노력한다.
- 스스로 세일즈 목표를 세우고 실천해 나간다.
- 적재적소에서 필요한 업무를 수행한다.
- 세일즈 전문지식과 기술을 지속적으로 학습한다.

제3단계

- 자아실현을 위해 일한다.
- 목표의식을 가지고 도전적으로 일한다.
- 시야가 넓고 꿈과 비전을 갖는다.
- 창조적이고 전략적으로 고객에게 접근한다.
- 사명감을 갖고 일한다.
- 고객을 파트너로 생각한다.
- 훌륭한 팀워크와 리더십을 갖추고 있다.
- 차별화된 세일즈 전문 지식과 노하우를 가지고 있다

S·u·m·m·a·r·y

- 세일즈는 마음가짐이 중요하다. 맡은 일에 대한 확고한 목적의식을 갖고 싱글 배거가 아닌 더블 배거가 되자.
- 생계 수단으로서의 세일즈가 아니라 맡은 일에 대한 보람과 재미를 맛보는 세일즈가 되어야 한다.
- 세일즈맨은 1인 기업의 사장이다. 일상적인 세일즈 활동을 통하여 스스로 가치를 극대화할 수 있도록 노력해야 한다.
- 세일즈맨의 몸값은 세일즈 성과에 의해 결정되고, 세일즈 성과는 세일즈맨의 마음가짐, 능력, 그리고 노력에 의해 결정된다.

세일즈 패러다임의 변화

『세일즈맨의 죽음』이라는 연극을 보면 주인공 윌리 로먼(Willie Loman)이 변화하는 환경에 적응하지 못하고 달리는 자동차에 뛰어들어 비극적으로 생을 마감하는 장면이 나온다. 이처럼 급변하는 세일즈 환경에 주도적으로 적응하지 못한 세일즈맨은 밀려나거나 도태되고 만다. 새롭게 변화된 시장 환경은 그에 걸맞은 새로운 마인드를 요구한다. 이제 시장은 더 이상 공급자 중심의 시장이 아니라 수요자 중시의 시장이 되었다. 따라서 세일즈는 더 이상 세일즈맨과 회사의 매출 목표 달성만을 위한 활동이 아니다. 세일즈는 고객을 위한 가치 창조 활동이며 고객의 당면 과제와 욕구를 해결해 주는 컨설팅 활동으로 전환되어야 한다.

아직도 우리 주위에는 지난날의 잘못된 관행을 답습하고 있는 세일즈맨들이 많다. 지난날과 같은 공급자 중심의 세일즈 환경에서는 어떻게 하면 주어진 시간 안에 세일즈맨이 고객들로부터 보다 많은 주문을 받느냐가 모든 세일즈 활동의 주된 관심사였다. 그러나 지금은 세일즈 마케팅에 관한 한 모든 주도권을 고객들이 가져간 지 오래이다. 이제 더 이상 밀어붙이기식 세일즈, 가치 창출이 수반되지 않는 세일즈는 통하지 않는다.

성공하는 세일즈맨이 되려면 지난날 잘못된 관행을 과감히 떨쳐 버리고 변화된 환경에 걸맞은 새로운 방식으로 무장해야 한다. 무엇보다 변화된 시장 환경에서 세일즈맨 자신의 사고방식과 마음가짐을 판매자 중심에서 고객 중심으로 전환해야 한다.

고객 가치 창조만이 해답이다

자기 중심적인 고정관념에 젖어 있는 세일즈맨들은 세일즈가 계획대로 이루어지지 않으면 모든 것을 남의 잘못이나 경기 탓으로 돌리면서 사소한 어려움이 닥쳐도 쉽게 좌절하거나 포기하는 경향을 보인다. 이들은 세일즈 활동을 고객 가치 창조(customer value creation)의 과정으로 보지 않고 오직 자기 자신을 위한 매출 목표 달성 수단으로만 보려 한다. 이들은 또한 세일즈 활동에서 지켜야 할 기본 과정과 절차들을 무시한 채 모든 것을 임기응변으로 처리하려 한다. 세일즈맨이 이런 증후군에 빠지게 되면 고객에게 만족과 감동을 주는 것은 불가능하게 된다. 그 결과 고객과의 거래 관계는 단절되고 매출은 떨어지는 악순환의 고리에 빠지게 된다.

세일즈맨들은 고객이 기대하는 가치를 충족시켜 줌으로써 그것에 대한 대가를 돌려받는 사람들이다. 이러한 관점은 과거 공급자 중심의 시장에서는 생각하기 어려운 것이었다. 그러나 모든 분야에서 공급이 수요를 앞지르는 지금과 같은 상황에서는 고객들의 이런 요구가 너무 당연한 권리가 되었다. 이제 어떤 분야에서든 자신이 거래하는 고객들을 위해 진정한 의미의 가치창조를 게을리 하는 세일즈맨들은 더 이상 살아남을 수 없게 되었다.

사정이 이러함에도 불구하고 여전히 많은 세일즈맨들은 자기 중심적 고정관념에 젖어 있다. 그들은 하나같이 자신들은 고객 중심적인 세일즈 활동을 펼치고 있다고 믿고 있다. 우리 주변에서 고객을 위한 가치창조의 중요성을 소리 높이 외치는 개인이나 기업일수록 실제로는 그에 대해 소극적인 모습을 나타내는 것을 흔히 볼 수 있다. 대부분의 기업들은 경기가 어려울수록 더욱더 그럴듯한 고객 유인 전략들을 쏟아낸다. 그러나 대부분의 전략들은 실천 과정에서 현실의 가파른 벽을 넘지 못하고 실패하고 만다. 이런 현상은 재론의 여지없이 대부분의 전략들이 '고객을 위한 가치창조'에 있지 않고 오직 회사가 당면한 문제 해결과 매출을 늘리는 데만 급급하기 때문이다. 그러나 지금과 같은 구매자 중심의 세일즈 환경에서는 더 이상 그런 전략은 통하지 않는다.

고객들은 이제 더 이상 회사가 제공하는 제품과 서비스의 특장점들에 대해서는 관심이 없다. 그들은 오직 어떤 혜택과 이점을 얻을 수 있는지에 대한 제안이나 해결책에만 관심이 있을 뿐이다. 고객들은 세일즈맨들이 왜 자신의 제품을 사야만 하는지 장황하게 떠들어대는 세일즈 화술에 식상해 있으며 이제 충분한 자격 요건을 갖추지 않은 세일즈맨들은 되도록이면 피하려 한다. 모든 분야에서 경쟁의 심화로 인해 제품이나 서비스 그 자체에 대한 차별화 전략은 갈수록 점점 더 한계에 부딪히게 될 것이다.

세일즈 분야에서 남다른 성공을 일구어낸 스타 세일즈맨들을 보면 그들은 하나같이 고객을 소중히 여기고 자기 중심적 사고방식이 아닌, 고객 중심적 사고방식으로 세일즈 활동을 펼치고 있음을 쉽게 알 수 있다. 이를테면, 가끔 예상치 못한 일로 인해 고객과의 약속을 지키려면 엄청난 손실을 감수해야만 하는 경우가 생길 수도 있다. 이럴 때 고객 중심적인 사고방식으로 무장된 세일즈맨들은 많은 손실을 감수하고서라도 고객과의 약속은 반드시 지키려 한다. 왜냐하면 자신이 약속을 지키지 못하면 그 여파가 결국 고객 손실로 이어지기 때문이다. 이런 고객 중심적인 사고방식을 갖고 있는 세일즈맨들은 그들의 존재 이유를 고객에게서 찾고 있는 것이다. 이들에게 있어서 고객은 단순히 세일즈 목표 달성을 위한 수단이라기보다는 언제나 최선을 다해야 할 소중한 파트너이다.

뛰어난 세일즈맨에게 있어서 고객을 위한 가치창조는 고객들의 관심을 끌기 위한 단순한 세일즈 전략이 아니라 그들의 삶의 방식이자 철학이기도 하다. 따지고 보면 지금과 같은 고객 중심의 경쟁 환경에서 이 이상의 효과적인 경쟁 전략은 있을 수 없다.

기능적 세일즈에서 창조적 세일즈로 전환하라

인간은 누구나 자신의 약점과 문제점들에 대하여는 너그러워지려는 경향이 있다. 그렇기 때문에 무엇을 하다 뜻대로 되지 않으면 모든 것을 남의 탓으로 돌리는 폐단을 낳기도 한다. 이러한 점은 세일즈맨들에게도 예외가 아니다. 세일즈가 뜻대로 이루어지지 않으면 모든 것을 경기 탓이나 제품의 경쟁력 탓으로 돌리려 하고, 심한 경우 운이나 팔자 탓으로 돌리려 한다. 물론 세일즈에 있어서 외적 환경 요소들은 세일즈맨의 성패에 커다란 영향을 미치게 된다. 그러나 세일즈맨의 성패에 진정으로 중요한 것은 이런 외부적인 환경 요소가 아니라 세일즈맨 자신의 마음가짐과 창의적인 실천 전략이다.

세일즈 환경은 어쩔 수 없이 다양한 외적 변수들에 의해 호황과 불황의 커브를 그리게 마련이다. 중요한 것은 세일즈맨의 창조적인 발상과 실천 전략이다. 세일즈 환경이 어려우면 그만큼 더 창조적이 되어야만 한다. 이제는 과거처럼 무조건 열심히 하는 것만으로는 되지 않는다. 세일즈가 계획대로 이루어지지 않으면 외부 환경을 탓하거나 부진한 성과를 변명하고 합리화하기 위한 궁리를 하지 말고 자신의 세일즈 방식에서 무엇이 잘못되었는지를 찾아내야 한다. 그렇게 되면 그에 대한 해결책이 마련될 수 있다. 그러나 대부분의 세일즈맨들은 자신들이 처한 이러한 위기의 본질을 잘 이해하지 못하고 있다.

대부분의 세일즈맨들은 자신이 창조적인 세일즈 활동을 수행하고 있다고 믿고 있다. 이런 현상은 인간의 자기 관대화(self leniency)의 경향에 기인한 것이다. 따라서 세일즈맨들이 자기 관대화의 경향에서 벗어나 현실을 직시하지 않는 한 창조적인 세일즈는 불가능하다.

창조적인 세일즈가 가능해지려면 우선 세일즈맨 자신이 창조적이지 않으면 안 된다. 흔히 세일즈맨으로서의 이상적인 자질을 이야기할 때 신체 건강하고 대인관계가 능숙한 사람을 떠올리게 되는데 이것은 지난날과 같은 기능적 세일즈 활동 시대에 국한된 이야기이다. 말하자면 오늘날과 같은 창조적인 세일즈 시대에는 적합하지 않은 것이다.

세일즈는 이제 고도의 전문성을 요하는 전문 직업이 되었다. 자신의 세일즈 분야에서 성공하는 전문가가 되려면 끊임없이 변화하는 고객들의 욕구 변화와 함께 경쟁자들의 대응 전략을 토대로 자신의 새로운 대응 전략을 개발해 가지 않으면 안 된다.

인간은 누구나 내면에 무한한 창조력을 갖고 있다. 개인에 따라 이러한 창조력을 끄집어내는 사람이 있는가 하면 평생 동안 방치한 채 활용하지 않는 사람도 있다. 미국의 심리학자 윌리엄 제임스는 "20세기의 가장 위대한 발견은 생각을 바꾸면 행동이 바뀌지고, 행동을 바꾸면 운명이 바뀌진다는 것이다."라고 했다. 창조적인 세일즈를 위해서는 무엇보다도 세일즈맨이 긍정적이고 적극적인 사고방식을 갖는 것이 중요하다. 이를테면 세일즈가 생각대로 이루어지지 않는다 하더라도 그 해결책이 반드시 존재한다는 적극적이고 긍정적인 사고방식을 가져야 한다. 아울러 지금까지 잘못된 습관과 고정관념에서 과감하게 탈피해야 한다.

잘못된 고정관념이나 패러다임을 가지고는 당면한 과제들을 풀어갈 수 없다. 그리고 그에 대해 끊임없이 공부하고 연구해야 한다. 인간은 누구나 자기가 아는 만큼 세상을 보고 살아간다. 안다는 것은 두뇌 속에 입력된 정보의 양과 질에 의해 결정된다. 그러므로 유능한 세일즈맨이 되려면 항상 신체의 모든 감각기관을 활짝 열어 놓고 끊임없이 새로운 지식과 정보를 받아들여야 한다. 창조적인 세일즈는 관련 분야에 대한 새로운 지식과 정보의 축적에서부터 시작되기 때문이다.

흔히 창조적인 세일즈라 하면 기상천외한 전략이나 기법들을 생각하기 쉬운데 이것은 매우 잘못된 것이다. 창조적인 세일즈란 기존의 세일즈 방식에서 보다 효과적인 세일즈 방식으로의 전환을 의미한다. 이를테면 목표 고객을 정할 때 좀더 세밀한 기준을 가지고 분석을 해본다든지 고객과 대면할 때 고객의 관심을 끌기 위한 자료를 좀더 치밀하게 준비하는 것과 같은 것들이다.

세일즈 활동의 성패는 따지고 보면 이와 같이 극히 사소하지만 창의적인 활동에 의해 결정됨을 알 수 있다. 바로 이런 측면 때문에 세일즈맨들은 항상 깨어 있어야 하고 뭔가 새롭고 창의적인 아이디어를 개발해 내야 하는 것이다. 과거의 천편일률적이고 기능적인 세일즈는 이제는 전자상거래와 같은 세일즈 자동화 시스템으로 대체되고 있다. 그러나 과학기술이 제아무리 발달한다 해도 세일즈맨들이 고객별로 제공할 수 있는 차별화된 창의적 세일즈를 대체할 수는 없을 것이다.

세일즈 컨설턴트의 시대가 왔다

한국에서 세일즈 활동을 펼치고 있는 다국적기업 책임자들의 이야기를 들어보면 우리나라만큼 세일즈 활동에서 인간관계를 중시하는 나라도 드물다는 사실을 쉽게 알 수 있다. 필자도 이런 이야기를 90년대 초 한국에 진출하여 몇 년간 활동하다 스스로 퇴출을 결정한 세계적인 암 전문 보험회사 한국지사장으로부터 직접 들은 바 있다. 자신들의 보험 상품은 세계적으로 그 경쟁력을 인정받았기 때문에 한국에서도 쉽게 팔려 나갈 것으로 판단했는데 막상 연고 관계가 중시되는 한국에서는 그들의 예상이 빗나갈 수밖에 없었다는 것이다.

그의 말에 의하면 세일즈 활동에서 다소의 인간관계는 다른 나라에서도 중요시되지만 한국에서처럼 모든 것을 좌우할 정도는 아니라는 이야기다. 말하자면 제품력과 가격 경쟁력이 있으면 당연히 세일즈가 잘 이루어져야 하는데 한국에서만은 자신이 이해할 수 없을 정도로 그렇지 않다는 것이었다. 그동안 이런 한국적 세일즈 풍토에 적지 않은 변화가 일어난 것도 사실이다. 그러나 아직도 많은 분야에서 이런 관행이 주류를 이루고 있다.

국내에 진출한 다국적기업들의 경우, 세일즈맨들이 그들의 고객들을 관리하기 위해 지출하는 접대비에 대하여 매우 부정적인 시각을 가지고 있다. 우리나라 세일즈맨들은 접대비 지출이 불가피하다는 주장을 펴고 있는 반면, 외국인 관리자들은 이를 이해할 수 없다는 입장을 보이는 것이다. 그들은 세일즈란 고객들에게 무엇을 강요하거나 구걸하는 것이 아니라 그들의 문제를 해결해 주는 윈윈 게임이라는 것이다. 세일즈맨은 자신이 종사하고 있는 분야에서 축적된 전문지식과 노하우를 활용하여 고객의 문제를 해결해 주는 전문 컨설턴트이며 고객의 목표와 현실 사이의 갭을 파악하고 그 갭을 해소시켜줌으로써 고객 가치를 실현하는 사람인 것이다.

세일즈맨이 고객을 만나 가장 먼저 해야 할 일은 이러한 갭을 파악하는 일이다. 그 다음은 확인된 갭을 해소할 수 있는 방안에 대해 제안 설득하여 고객으로부터 합의를 얻어내는 일이다. 말하자면 세일즈란 고객의 욕구를 파악하고 해결책을 제시하는 커뮤니케이션 과정 그 이상도 이하도 아니다.

세일즈 활동에서 불필요할 정도로 고객의 눈치를 보고 환심을 사기 위해 소중한 자원을 낭비하는 사람들은 결코 그 분야에서 성공할 수 없다. 세일즈맨 스스로가 세일즈를 고객의 비위나 맞추는 일쯤으로 평가절하한다면 세일즈라는 직업은 대단히 무미건조하고 재미없는 일이 될 것이다. 그러나 세일즈를 고객의 문제를 해결해 주고 그에 대한 대가를 받는 일종의 컨설팅 직업으로 바라본다면 세일즈라는 직업은 대단히 매력적이고 재미있는 일로 여겨질 것이다.

이를테면 단순한 보험 세일즈맨이 아니라 누구도 따라잡을 수 없을 정도로 차별화되고 전문화된 지식과 노하우를 갖춘 보험 컨설턴트가 되어야 한다. 세일즈맨이 자기가 맡은 분야에서 남다른 전문성과 경쟁력을 갖추려면 엄청난 자기 개발 노력이 뒤따라야 한다. 그렇게 되면 자신의 직업에 대한 만족감과 함께 성공적인 세일즈 성과는 당연히 따라오게 되어 있다. 세일즈에 있어서 이러한 원리는 비단 보험뿐만 아니라 모든 분야에 똑같이 적용된다.

고효율 세일즈 전략이 요구된다

세일즈맨의 성과는 주어진 시간 안에 얼마나 많은 고객들을 만나고 또 얼마나 효과적으로 상담을 하느냐에 달려 있다. 세일즈맨이 소극적인 자세를 취하게 되면 제한된 시간 안에 만날 수 있는 고객의 숫자가 줄어들게 될 뿐만 아니라 그나마 만나는 고객들에 대한 성공률도 떨어질 수밖에 없다.

필자가 속해 있는 택인터내셔널의 조사에 의하면 국내 세일즈맨들이 하루 평균 고객을 만나는 횟수는 3회 정도로 나타나고 있다. 주 5일 근무제의 정착으로 이들은 연 평균 210일 전후의 근무일 수를 갖게 되는데 이런 수치들을 전체적으로 감안하면 세일즈맨들이 1년 내내 하루도 빠짐없이 고객을 만난다 해도 고객들과의 상담 횟수는 600회 전후에 지나지 않음을 알 수 있다. 문제는 상담 횟수 대비 수주 성사율인데, 물론 업종별 특성과 개인차는 있겠지만 통상적으로 5% 전후로 나타나고 있다.

이런 객관적인 자료를 놓고 냉철하게 생각해 볼 때 세일즈맨이 소극적인 세일즈로 일관하고 있다는 것은 결국 자기도 모르게 자기 무덤을 파고 있다고밖에 볼 수 없다. 세일즈맨이 소극적인 태도를 취하는 것은 고객을 만나는 것 자체에 부담을 느끼는 경우와 고객을 만나 적극적으로 자신의 생각을 제시하는 데 대해 자신감이 결여되어 있는 경우로 나누어 볼 수 있다.

전자의 경우는 세일즈맨으로서 목적의식이나 프로 근성이 부족할 때 나타나는 현상이고, 후자의 경우는 세일즈맨으로서 갖추어야 할 커뮤니케이션 기술이나 감성 전달 기술이 부족할 때 나타나게 된다. 그런데 이런 프로 근성과 고객 설득 기술은 세일즈맨의 영업성과에 직접적으로 영향을 미치는 변수들이다. 프로다운 근성과 커뮤니케이션 기술은 세일즈 활동의 효율성과 능률을 높여준다. 그러므로 세일즈맨들은 언제나 스스로를 다잡아야 한다. 그리고 프로 세일즈맨으로서 갖추어야 할 커뮤니케이션 기술을 개발해야 한다.

프로 세일즈맨으로서 수행해야 할 이러한 자기 계발에는 결코 완성의 경지는 있을 수 없다. 지속적이고 체계적인 노력을 통하여 하루하루 새롭게 태어나는 수밖에 없다. 세일즈가 어려운 것은 외부로부터 밀려오는 무한경쟁 때문만은 아니다. 오히려 그보다는 자기 자신과의 경쟁이 진정으로 어려운 것이다.

세일즈는 자기 자신과의 싸움이다. 그러므로 세일즈맨이 자신의 분야에서 성공하지 못한다면 그것은 전적으로 자기 자신의 책임이다. 결코 남을 탓하거나 주어진 환경을 탓해서는 안 된다. 세일즈맨은 항상 스스로에게 채찍을 가해야 한다. 세일즈 환경은 하루가 다르게 급변하고 있는데 구태의연한 방식을 고수하고 있다면 그 결과는 보나마나 한 것이다. 세일즈맨은 실적으로 말해야 한다. 세일즈 실적은 세일즈 활동의 효율성에 의해 결정된다.

Summary

- 아서 밀러의 원작 『세일즈맨의 죽음』에서 변화하는 환경에 적응하지 못해 죽음을 택하는 주인공 윌리 로먼을 생각해 보자.

- 세일즈에서 최대의 적은 현실에 안주하며 변화를 거부하려는 또 하나의 자기 자신임을 유의하자.

- 세일즈맨은 세일즈 환경의 변화를 미리 내다보고 대처할 수 있는 마음가짐과 능력이 요구된다.

- 세일즈의 패러다임 변화의 축은 언제나 '고객 가치 창조'이다.

- 고객은 세일즈 목표 달성을 위한 수단이 아니라 목적 그 자체이다. 이제 과거와 같은 자기 중심적 밀어붙이기식 세일즈는 통하지 않는다.

- 세일즈맨은 고객의 당면과제를 찾아 해결해 주고 그에 대한 보상을 받는 사람이다.

세일즈 목표 관리

과거처럼 수요가 공급을 앞지르던 시대에는 세일즈맨들이 지금처럼 치밀한 사전 계획이나 준비 없이도 세일즈 목표를 쉽게 달성할 수 있었다. 그러나 지금은 사정이 다르다. 우선 표적시장에서 어떠한 변화가 일어나고 있는지 정확히 파악하지 않으면 안 된다. 그리고 급변하는 세일즈 환경에 효과적으로 대처할 수 있는 구체적인 실천 계획을 수립하여 전략적인 세일즈 활동을 펼치지 않으면 안 된다.

세일즈 활동에서 이러한 변화의 추세는 어부들이 바다에서 고기를 잡는 방식의 변화에 비유될 수 있을 것이다. 과거같이 바다에 어자원이 풍부할 때는 그물을 대충 던져도 만선의 기쁨을 누릴 수 있었지만 지금은 어군 탐지기와 같은 장비 활용은 물론 여러 가지 측면에서 과학적인 조업활동에 능숙한 어부가 아니고서는 성공적인 조업활동이 불가능하기 때문이다.

세일즈는 이제 기회가 아니라 기획이다. 모두가 어려워하는 불경기에도 성공적인 세일즈 성과를 일구어 내는 사람들은 예외 없이 세일즈 활동의 이러한 원리를 믿고 실천하는 사람들이다.

성공 세일즈 클럽에는 무료 초대권이 없다. 각 분야에서 남다른 성공을 거둔 사람들은 그만큼의 대가를 지불한 사람들이다. 이러한 원리는 당신의 세일즈 분야에도 그대로 적용될 수 있다. 우선 자신이 처한 세일즈 환경을 면밀히 분석하여 기회 요소는 무엇이고 위협 요소는 무엇인지 파악하고 강점은 무엇이고 약점은 무엇인지도 파악해야 한다. 그 밖에 당신의 세일즈 활동에 영향을 미칠 수 있는 모든 상황들을 파악하기 바란다. 이렇게 하여 세일즈 환경 분석이 끝나면 다음 단계로 장·단기 세일즈 활동 목표를 수립해야 한다.

세일즈 활동 목표는 최대한 의욕적으로 세우되 현실성과 구체적인 활동 계획이 있어야 한다. 여기서 장·단기 세일즈 활동 계획이라 함은 분기별, 월별, 주별 등 세일즈 활동 시간 단위를 말한다. 세일즈 활동의 성패는 결국 이러한 주어진 세일즈 활동 시간 안에 누가 더 높은 성과를 이루어 내느냐에 달려 있다. 말하자면 세일즈는 주어진 시간과의 싸움이다.

시간은 누구에게나 똑같이 주어지며 한번 지나간 시간은 되돌릴 수 없다. 또한 지금의 여유 시간을 저축해 두었다가 필요할 때 끄집어내어 사용할 수도 없다. 시간이 갖고 있는 이러한 특성과 제약조건 때문에 목표 관리가 어려운 것이다. 앞으로 갈수록 모든 세일즈 활동의 성패는 누가 더 체계적이고 과학적인 세일즈 활동을 펼치며 목표 관리를 잘 하느냐에 의해 판가름 날 것이다.

목표 관리의 구성 요소

다음 그림은 세일즈 목표 관리의 구성 요소와 그들 상호간의 관계를 잘 설명해 주고 있다.

그림에서 보여주고 있는 것처럼 세일즈의 목표 관리가 제대로 이루어지려면 무엇보다 먼저 세일즈 환경을 정확히 분석하고 파악해야 한다. 그리고 결과를 토대로 의욕적인 세일즈 목표를 수립하고 차질 없이 실천해 나가야 한다. 동시에 그동안의 세일즈 성과를 정

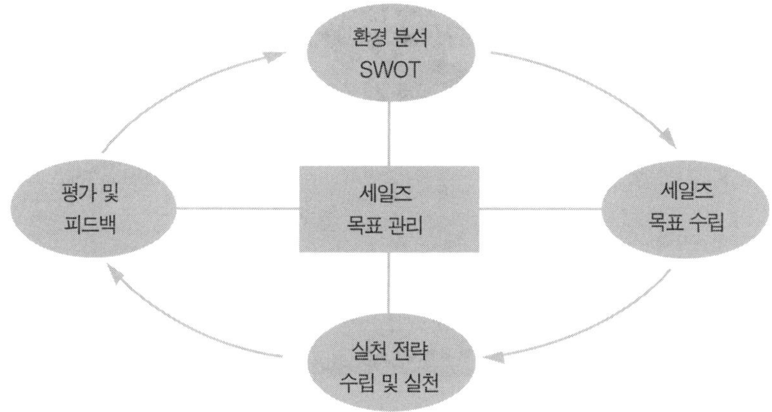

기적으로 평가하고 측정하여 미흡한 부분에 대하여는 보완책을 마련해야 한다.

세일즈 활동을 펼치기 전에 표적시장을 조사하고 분석하는 것은 너무 당연하고 기본적인 것이다. 고객을 찾아 나설 때도 옥석을 가려가며 선택적으로 만나야 하는 것이 너무나 당연한 세일즈의 기본이다. 그리고 일정 기간의 세일즈 활동성과를 평가해 보고 잘못되고 있거나 미흡한 점에 대하여는 즉시 시정하고 개선책을 마련해야 한다. 이러한 것들은 세일즈맨으로서 당연히 실천해야 할 기본 중의 기본이다.

그러나 매우 안타깝게도 많은 세일즈맨들은 이런 기본들을 철저하게 무시하고 있다. 그리고 그런 세일즈맨들일수록 기능적이고 피동적인 세일즈 활동으로 일관하기 때문에 몸과 마음은 더욱 바쁘고 분주하며 실속은 없고 모든 일이 뜻대로 되지 않아 심한 스트레스에 빠지게 된다.

세일즈는 이제 더 이상 멍청하면서 부지런한 사람들이 영위할 수 있는 명부 업종이 아니다. 성공하는 세일즈맨이 되려면 끊임없이 다음에 제시된 다양한 분석 도구들을 활용하여 체계적으로 접근해야 한다.

세일즈 환경의 SWOT 분석

제대로 된 세일즈 목표를 세우려 할 때 정확한 환경 분석은 필수적이다. 손자병법에도 지피지기면 백전백승이란 말이 있지 않은가?

세일즈 환경 분석은 세일즈맨이 처한 환경과 입장에 따라 다양한 형태로 진행될 수 있으며 일반적으로 스왓(SWOT) 분석 기법이 선호되고 있다. 스왓은 세일즈 할 제품과 연관된 기업의 강점(strength), 약점(weakness), 기회 요소(opportunity), 위협 요소(threats)를 의미하는 영어 단어의 첫 글자를 따서 만든 조어이며 이 중에서 강점과 약점에 대한 분석은 기업 내부의 경쟁력에 관한 것들인 반면, 기회 요소와 위협 요소는 시장 환경에 관한 것들이다.

스왓 분석을 실시하는 이유는 보다 정확한 세일즈 목표와 그것의 달성 전략을 수립하기 위함이다. 필자의 경험에 의하면 대부분의 세일즈맨들은 스왓 분석을 아무렇게나 자의적으로 해버리는 경향이 있다. 말하자면 자기가 처한 세일즈 상황을 보다 객관적인 눈으로 정확히 보려 하지 않고 자기 중심적인 선입견을 가지고 자기 합리와의 도구로 활용하려는 경향이 있다. 이를테면 아무리 둘러봐도 기회 요소들은 보이지 않고 위협 요소들만 보인다든지, 자신의 제품들에는 약점만 있고 강점은 눈을 씻고 봐도 없다고 스스로 생각하는 것이다. 스왓 분석이 이런 방식으로 이루어지면 진취적이고 야심찬 세일즈 목표의 수립은 불가능해진다. 물론 창의적이고 적극적인 목표 달성 전략도 기대할 수 없게 된다.

스왓 분석은 세일즈맨이 목표로 한 시장을 바라보는 일종의 색안경이라 할 수 있다. 밝은 색 안경을 끼고 보면 세상이 밝게 보이고, 어두운 색 안경을 끼

고 보면 세상이 어둡게만 보이기 마련이다. 그러므로 스왓 분석을 할 때는 적극적이고 긍정적인 사고방식을 가지고 자신의 세일즈 기회를 극대화할 수 있는 방향으로 분석의 초점을 맞추어야 한다.

우리 제품 및 서비스의 차별화된 강점 5가지를 열거한다면?

1.
2.
3.
4.
5.

우리 제품 및 서비스가 극복해야 할 약점 5가지를 열거한다면?

1.
2.
3.
4.
5.

세일즈 활동에 기회 요소가 될 수 있는 주요 환경 변화는?

1.
2.
3.
4.
5.

세일즈 활동에 위협 요소가 될 수 있는 주요 환경 변화는?

1.
2.
3.
4.
5.

세일즈 목표의 수립

현실적으로 정확한 세일즈 목표를 세운다는 것은 참으로 어려운 일이다. 가능한 많은 객관적 자료들을 참조하면 좋겠지만 현실적으로 그 범위를 어디까지 해야 할지도 문제이고, 그렇다고 무턱대고 많은 자료를 참조한다고 해서 반드시 좋은 것도 아니다.

세일즈 목표 수립에서 가장 중요한 변수는 역시 수립한 목표치를 달성해야 할 세일즈맨 자신에게 있다. 다시 말해 세일즈 목표 수립에서 가장 중요하게 고려되어야 할 변수는 결국 세일즈맨 자신의 능력과 노력이다. 이러한 측면에서 보면 세일즈 목표 수립 과정은 일종의 과학이자 예술이라 할 수 있다.

아무리 적극적이고 도전적인 목표를 세웠다 하더라도 현실적으로 달성이 불가능한 목표는 오히려 혼란만 가중시킬 뿐이다. 그러므로 목표를 수립할 때는 반드시 다음과 같은 스마트(SMART) 원칙을 따라야 한다.

- 구체적(Specific)이어야 한다.
- 측정이 가능(Measurable)해야 한다.
- 실천 지향적(Action oriented)이어야 한다.
- 현실성(Realistic)이 있어야 한다.
- 시간 계획(Time bound)이 있어야 한다.

아울러 세일즈 목표는 세일즈 환경 분석 결과를 토대로 다음과 같은 다양한 변수들을 종합적으로 고려하여 세워야 한다.

- 회사 및 부서의 세일즈 계획
- 세일즈맨의 역량 및 의욕
- 업계의 평균 실적
- 비용 및 수익 구조
- 연도별 매출 추이
- 취급 품목의 시장 지위(브랜드 인지도, 시장 점유율, 매출 변화 등)

위에서 제시한 세일즈 목표 수립의 기준을 참고하여 향후 6개월

간 달성하고자 하는 세일즈 활동 목표들을 적어보자.

1.
2.
3.
4.
5.

세일즈 목표의 실천

'구슬이 서 말이라도 꿰어야 보배'라는 말이 있다. 제아무리 원대한 목표를 세워 놓고 있다 하더라도 구체적인 실천 전략과 행동이 뒤따라 주지 못하면 아무런 소용이 없다. 특히 오늘날과 같은 치열한 경쟁 상황에서는 무조건 열심히 뛰는 것보다는 전략적이고 효과적으로 일하는 것이 더욱 중요하다.

주별, 월별, 분기별 등 당초 수립한 목표를 토대로 가능한 한 세부 활동 계획을 작성하여 일상 세일즈 활동의 길잡이(mile stone)로 활용하는 것이 좋다. 이러한 세일즈 활동 계획은 세일즈맨의 세일즈 환경이나 세일즈 목표를 고려하여 다양한 형태의 고객관계관리(CRM)와 같은 세일즈 자동화 프로그램을 활용하면 더욱 효과적이다.

다양한 세일즈 목표 관리 도구들을 활용하여 항상 준비된 상태에서 세일즈 활동을 펼치는 것과 평소 습관이나 임기응변에 따라 적당히 대처하는 것과는 그 성과 측면에서 엄청난 차이가 있다.

세일즈 활동 계획서

세일즈 활동 계획서에는 다음과 같은 핵심 정보와 실천 계획들이 포함되어 있어야 한다.

1. 상담의 구체적 목표

세일즈 상담의 목표에는 크게 정보 수집 목표와 고객 설득 목표가 있으며, 각각의 예를 들면 다음과 같다.

정보 수집 목표	고객 설득 목표
• 고객의 욕구	• 추가 상담 약속
• 현 공급선 및 다른 경쟁업체	• 다른 구매 결정권자와의 약속
• 경쟁업체들의 장 · 단점	• 향후 제품 및 서비스에 대한 규격 합의
• 현 공급처와 거래를 맺은 이유	• 시험 주문 및 재주문 수주
• 구매예산 및 제약 조건	• 추가 품목에 대한 신규 수주
• 지불 능력	• 시험 주문에 대한 결과 평가
• 샘플 테스트 결과	• 다른 거래처에 대한 소개
• 샘플 테스트 결과에 대한 반응	• 시연
• 과거 거래가 중단된 사유	• 고객의 당사 공장 방문
• 의사 결정권자들	• 전시장 개선
• 현 거래 관계에 대한 배경	• 시장 조사 및 마케팅
• 견적서가 거절된 이유	• 거래 구좌 개설
• 향후 구매 물량	• 거래 절차 및 조건 협의
• 의사 결정 과정에 참가할 사람들	• 납기 협의
• 인사이동 사항	• 견적서 제출 또는 수정
• 거래 조건	• 거래처 등록
• 발주 절차 및 대금 결제 절차	• 전시회 및 박람회 참가
• 거래처의 당면 과제 및 발전 계획	• 문제 해결 후 수주 획득
• 납품된 제품의 성능	• 제품 및 서비스의 사양 변경
• 조직 내 각 부서의 만족도	• 제품 제공

2. 제품 및 서비스 정보

세일즈 활동 계획서에는 제품이나 서비스와 관련된 다음과 같은 사항들이 체계적으로 수집되고 정리되어 있어야 한다.

항 목	평가	대책	출처
제품 규격 및 사양			
제품 사양별 특징 및 이점들			
결제 조건 및 방법			
품질 관리 및 보증제도			
원가 및 재무 정보			
회사의 조직 및 업무 분담			
관리 및 업무 체계			
담당자별 인적 사항 및 업무 내용			
회사 및 브랜드 인지도			
시장 점유율 추이			
지원 부서별 현황			
관계사 및 타부서의 취급 품목			
본인의 영업 목표 및 달성 전략			
영업 실적 평가 기준			
회사의 경영 목표 및 달성 전략			
마케팅 전략(제품, 가격, 판촉, 유통)			
사내의 영업 관련 규정 및 법규			

3. 고객 정보

세일즈 활동 계획서에는 고객에 관한 다음과 같은 사항들이 체계적으로 수집되고 정리되어 있어야 한다.

항　목	평가	대책	출처
의사 결정권자들은 누구인가?			
이상적인 접촉 방법 및 시간은?			
핵심 인사들의 인적사항 및 특성은?			
회계 및 결산 연도는?			
발주 예산 규모는?			
당면 과제 및 욕구는?			
당사 제품 및 서비스의 용도는?			
경쟁사는?			
경쟁사에 대한 만족도는?			
경쟁사와 거래 규모는?			
대금 지불 능력은?			
의사 결정 기준은?			
경쟁력 및 향후 성장 가능성은?			
향후 사업 계획은?			
현재의 영업 상황은?			
고객들의 반응은?			
지금까지의 거래 내역은?			

4. 경쟁업체 정보

세일즈 활동 계획서에는 경쟁업체들에 관한 다음과 같은 사항들이 체계적으로 수집되고 정리되어 있어야 한다.

항 목	평가	대책	출처
경쟁 제품 및 서비스의 특징과 이점은?			
경쟁 제품의 가격 및 기타 거래 조건은?			
장점과 약점들은?			
담당자는 누구인가?			
향후 영업 전략(제품 가격)은?			
주력 고객들은?			
성공을 거두고 있는 배경은?			
실패한 경우 그 배경은?			
마케팅 전략은?			
브랜드 인지도는?			
시장 점유율은?			
광고 전략은?			
결제 조건은?			
파이낸싱 조건은?			
그들이 주로 택하는 세일즈 전략은?			

고객 방문 및 상담 준비

세일즈맨이 고객을 만나 상담을 펼치는 순간을 마케팅 용어로 '진실의 순간(moment of truth)' 혹은 결정적 순간이라 부른다. 원래 이 말은 투우사들 사이에서만 사용되던 일종의 은어라고 한다. 투우사들은 열광하는 관중들이 지켜보는 가운데 황소를 상대로 그야말로 목숨을 건 사투를 펼친다. 자칫 한 순간의 방심과 실수는 곧바로 자신들의 목숨을 앗아갈 수도 있기 때문에 그들은 이런 결투의 순간을 진실의 순간 혹은 결정적 순간이라 부르는 것이다.

세일즈에 있어서 진실의 순간은 세일즈맨이 고객을 만나 세일즈 활동을 펼치는 순간이라 할 수 있다. 세일즈맨이 중요한 고객을 만나 제안 설득을 펼치려 할 때는 투우사가 투우장에 나가기 전에 몸과 마음을 가다듬는 것처럼 다음과 같은 사항들을 미리 준비해야 한다.

- 고객의 인적사항(이름, 소속, 직함, 담당 업무, 특기사항 등)
- 상담 목표(업무적인 목표, 정보 수집 목표)
- 고객 관심 확보 전략(판매도구, 통계자료, 인용대상, 고객욕구 등)
- 질문 전략
- 제품이나 서비스의 특장점(특징, 장점, 소구점)
- 예상 반론에 대한 대비책(반론 극복 전략, 협상전략 등)
- 세일즈 클로징(클로징 유도를 위한 화법 등)
- 사후 관리(계약 체결 등)

세일즈 활동의 평가와 피드백

세일즈 활동 평가란 자신의 세일즈 활동에 대해 되돌아보고 보다 객관적인 시각으로 평가해 보는 것이다. 이는 앞으로의 세일즈 활동에 활용할 수 있는 정보와 아이디어를 얻기 위한 것이다.

세일즈 활동 평가는 미래 지향적이어야 한다. 과거에 대한 후회나 집착은 금물이다. 잊을 것은 빨리 잊고 앞으로 나아가야 한다. 자기 중심적인 평가나 자기 합리화가 용납되어서는 안 된다. 이를 위해 객관적인 평가 기준을 마련하거나 제3자의 조력을 받는 것도 좋은 방법이다.

이를테면 상급자나 객관적인 시각으로 유익한 정보나 코칭을 제공할 수 있는 자신의 멘토를 선임하는 것도 좋은 방안이 될 수 있다.

세일즈 활동 평가와 피드백 과정에서 또 하나 명심해야 할 것은 단기적 성과에 일희일비하거나 자만에 빠지거나 역경이 닥쳤을 때 포기하지 않도록 주의해야 한다는 것이다.

시간 관리

효과적인 시간 관리야말로 세일즈 활동의 성패를 결정짓는 관건이라 할 수 있다. 세일즈 활동은 시간과의 싸움이기 때문이다. 잘 짜여진 시간 계획과 차질 없는 실천은 성공 세일즈를 위한 필수 조건이다. 그러나 현실성이 없고 실행되지 않은 시간 계획은 성공 세일즈를 위한 무덤이 될 수 있다. 세일즈맨은 단 1분의 시간도 우선순

위와 중요도를 따져 보고 집행해야 한다.

세일즈맨에게 있어서 시간 관리의 중요성은 다음과 같은 측면에서 그 중요성을 아무리 강조해도 지나침이 없을 것이다.

- 세일즈 목표를 설정하고 그 성과를 측정하는 데 있어서 시간의 효율성이 가장 중요한 판단 기준이 된다.
- 세일즈의 성과는 배분된 시간에 비례하여 나타난다. 그러므로 세일즈 전략이란 결국 각 세부 활동별 시간 배분 전략이라 볼 수 있다. 중요한 것은 외부 고객과 내부 고객 간의 시간 배분의 문제, 기존 고객들과의 거래 확대와 신규 고객 개척 간의 시간 배분의 문제 등이 가장 핵심적인 고려 사항들이다.
- 대부분의 국내 대기업 및 다국적 기업들의 경우, 세일즈맨들은 하루에 평균 3.5명의 고객들을 만나고 있으며 이들과 상담하며 보내는 시간은 전체 활동 시간의 15~16% 정도에 지나지 않는다.
- 세일즈의 성과는 세일즈 활동의 능률(efficiency)과 효과성(effectiveness)에 의해 결정된다(세일즈 성과=고객과 접촉하는 (MOT) 회수×설득력 있는 대화).
- 앞으로는 고객과 사전 약속 없이 세일즈맨이 아무 때나 자기가 편리한 시간에 고객을 방문하는 관행은 사라질 것이다.

세일즈 활동의 능률을 높이려면 다음과 같은 노력이 필요하다.

- 시간을 가급적 세분화하여 활동한다.
- 일찍 시작하고 늦게까지 일한다.

- 계획된 일정은 가능한 한 소화해 낸다.
- 다양한 형태의 시간 관리 도구들을 활용한다.
- 자동차 안에 세일즈 활동 계획서와 세일즈 활동에 관련된 모든 정보와 자료들을 비치한다.
- 간단한 업무를 늘 가지고 다니면서 약속이 연기되거나 너무 일찍 도착했을 때와 같이 낭비되기 쉬운 시간에 처리하도록 한다.
- 주 간선 도로의 소통 상황을 인지한다.
- 구역 방문일 때는 같은 구역 내의 모든 고객을, 회사로 방문할 때는 그 회사 안에 있는 많은 사람을 만나도록 한다.

세일즈 활동의 효과성을 높이려면 다음과 같은 노력이 필요하다.

- CRM이나 DB와 같은 다양한 형태의 세일즈 자동화 도구들을 적극 활용한다.
- 텔레마케팅 팀이나 콜 센터와 같은 지원 부서들과 원활한 협조 체제를 구축한다.
- 충분한 시간을 갖고 미리 계획하고 대비한다.
- 업무의 우선순위와 긴급 도를 따져서 업무를 수행한다.
- 몸과 마음을 건강하고 활기차게 유지한다.
- 목적의식을 가지고 재미있게 일한다.
- 자기 개발에 힘쓴다.
- 고객들을 등급화하여 방문 회수와 투자 시간을 배분한다.
  A급: 거래가 활발한 대형 고객
  B급: 거래가 활발한 중간 정도의 고객

C급: 거래가 확대되고 있는 소규모 고객

D급: 거래가 감소되고 있는 소규모 고객

되도록 많은 시간과 노력을 A와 B등급에 투자하면서 C와 D등급의 고객도 잊지 않고 지속적으로 관리한다. 또 구매 결정권자나 영향력이 없는 사람들과 너무 많은 시간을 소비하지 않도록 하고 그들을 무시하는 행동을 보임으로써 반감을 갖지 않도록 한다.

S·u·m·m·a·r·y

- 제대로 된 세일즈 목표 수립은 성공적인 세일즈 활동에 도움을 줄 수 있지만 아무렇게나 세운 세일즈 목표는 오히려 혼란만 불러일으킬 수 있다.
- 제대로 된 SWOT 분석을 실시하자. 지피지기면 백전백승이다.
- SMART 원칙에 충실하자.
- 세일즈는 시간과의 싸움이다.
- 세일즈 성과는 세일즈 담당자의 능력과 능률에 의해 결정된다.
- 세일즈 능률은 세일즈 담당자의 시간 계획 및 관리 능력에 의해 결정되고, 담당자의 시간 집행 능력과 커뮤니케이션 능력에 의해 결정된다.

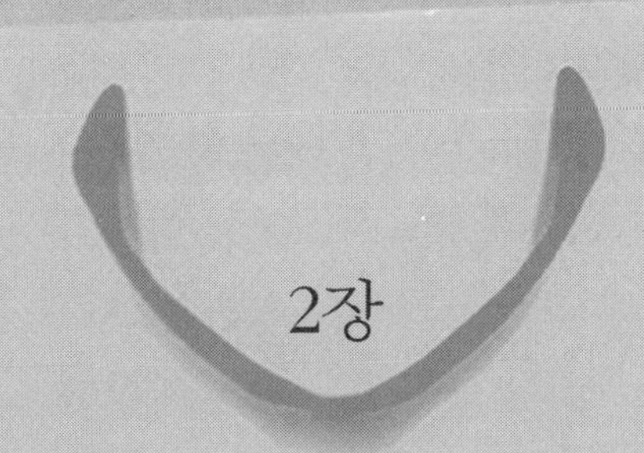

2장

ATTENTION

관심 확보와 고객 개발

관심 확보 기술

　세일즈는 고객의 관심을 불러일으키는 과정에서부터 시작된다. 고객들은 생각도 다르고 욕구도 다 다르다. 따라서 그들의 관심을 세일즈맨의 의도대로 불러일으킨다는 것은 누구나 할 수 있는 일이 결코 아니다.

　전문가들의 연구 결과에 따르면 세일즈맨이 고객을 만나 처음 4분 내에 관심을 끌지 못하면 성공적인 세일즈 결과를 기대하기가 힘들다고 한다. 세일즈맨은 고객을 만나 인사를 교환하고 분위기 조성을 위한 약간의 한담을 나눈 뒤 순발력 있게 면담의 목적과 의도된 주제로 고객의 관심을 불러일으키지 않으면 안 된다.

　물론 특정 제품이나 브랜드의 경우처럼 그동안의 마케팅 활동의 성과에 힘입어 고객들이 스스로 관심을 표명해 오는 경우도 있다. 그러나 이와 같은 경우는 앞으로 갈수록 기대하기 쉽지 않을 것이다. 왜냐하면 거의 모든 분야에서 공급 과잉이 진행되고 있기 때문이다. 필자의 경험에 비추어 볼 때 세일즈 과정 중에서 세일즈맨들이 가장 힘들어하는 부분도 바로 이런 고객의 관심을 불러일으키는 것이라고 생각된다.

　이런 어려움을 극복하기 위해 대부분의 세일즈맨들은 고객을 대면하는 순간부터 약장수처럼 떠들어 대면서 자기 주장들을 쏟아낸다. 그러나 이런 접근 방식은 과거와 같은 공급자 중심의 세일즈 환경에서는 통할 수 있어도 현재의 수요자 중심의 세일즈 환경에서는 통하지 않는다.

설상가상으로 오늘날 거의 대부분의 고객들이야말로 치열한 경쟁 상황에 직면하여 살아남기 위한 몸부림을 치고 있는 실정이다. 이런 상황에 처해 있는 고객들의 관심을 끈다는 것은 결코 쉬운 일이 아니다. 그렇다면 이렇게 어려운 환경에서도 남다른 실적을 올리는 프로 세일즈맨들의 경우는 어떨까?

결론부터 말하면 성공하는 세일즈맨들은 예외 없이 고객의 관심을 잘 끌어내는 선수들이다. 왜냐하면 자신의 세일즈 목적과 관련된 것들에 대해 고객으로부터 상응한 관심을 끌어내지 못한 상태에서는 현실적으로 어떠한 세일즈 활동도 무의미하기 때문이다. 고객을 만나 관심을 끄는 과정은 세일즈 과정 중에서 가장 중요한 핵심이라고 할 수 있다. 만약 이 단계에서 고객의 관심을 확실하게 끌 수 있다면 그 다음 단계로 쉽게 나아갈 수 있지만 만약 그렇지 못하면 첫 단추를 잘못 끼운 경우처럼 어려움에 직면하게 될 것이다.

그렇다면 고객의 관심을 끄는 능력은 타고나는 것일까, 길러지는 것일까? 흔히 이야기하는 카리스마, 즉 인간적 매력이나 타고난 용모 등도 고객의 관심을 끄는 데 다소의 영향을 미칠 수는 있다. 그러나 고객이 세일즈나 세일즈맨에 대해 관심을 갖느냐, 안 갖느냐의 여부는 결국 세일즈맨이 고객에게 접근하는 방식과 화법에 전적으로 달려 있다. 즉 고객의 관심을 끌어들이는 능력은 체계적이고 지속적인 훈련을 통해 얼마든지 후천적으로 길러질 수 있다.

고객의 관심을 끄는 방법

세일즈맨이 고객을 방문하면 먼저 인사를 나누고 고객의 안내에 따라 마주 앉거나 서서 서로 대화를 나누기 시작한다. 이때 분위기 조성이나 공감대 형성을 위해 약간의 한담을 나눌 수도 있다. 그러나 지나친 한담은 금물이다. 특히 방문 목적과 상관없는 이야기는 가급적 삼가는 것이 좋다. 고객의 관심을 효과적으로 끌기 위해서는 적절한 타이밍 포착이 중요하다.

고객이 스스로 세일즈맨의 방문 목적과 관련된 이야기를 할 때는 타이밍 포착이 비교적 쉽지만 그렇지 않을 때는 다음과 같은 몇 가지 기준을 가지고 판단하면 된다.

- 고객이 경청할 자세가 되어 있는가?
- 고객의 관심 끌기에 성공했을 때 그 다음 단계의 대책은 마련되어 있는가?
- 첫 번째 시도에서 실패했을 때 그 다음 대책은 마련되어 있는가?

고객의 관심을 끌기 위해서는 타이밍도 중요하지만 창의적인 화법과 감성 기술은 더욱더 중요하다. 고객들마다 관심사항과 가치 판단 기준이 다르기 때문에 상황에 맞는 화법들을 효과적으로 구사하려면 많은 사전 준비와 노력이 요구된다. 세일즈의 성패는 결국 고객 관심 확보 여부에 달려 있다. 고객의 관심을 끌어야 할 시점이라고 판단되는 순간 적절한 화법을 구사해야 한다.

다음에 제시된 화법들은 일종의 예들이다. 그러므로 실제 상황에 적용할 때는 그때그때 상황에 맞게 다듬어야 한다. 기술과 기법에 정답이란 있을 수 없으며 가능한 원리와 방법을 활용한 보다 효과적인 적용이 있을 뿐이다.

사실 전달 기법(Factual Opening)

상대방의 업무 수행 전공 및 관심 분야와 관련하여 그에게 대단히 값어치 있고 중요한 최신 정보나 통계자료 및 사안들에 대해 언급한다. 언급할 자료나 정보 및 사안들은 세일즈맨의 방문 목적에 관련성이 있어야 한다. CRM이나 고객 DB를 활용하여 만나고자 하는 고객에 대해 사전에 미리 알고 가면 그만큼 더 효과적인 화법 전개가 가능할 것이다.

> **예** 귀사와 공동으로 저희가 최근 조사한 바에 의하면, 귀사 세일즈 인력 가운데 세일즈 교육에 한번도 참가해본 적이 없는 사람들의 비율이 40%에 달하고 있습니다.

질문 기법(Question opening)

질문을 잘하면 고객의 관심을 끌 수 있다. 고객의 업무와 방문 목적에 관련성이 높은 질문이어야 한다.

> **예** 세일즈 분야의 책임자로서 현재 귀사의 인력들이 개선해야 할 과제들에는 어떠한 것들이 있습니까?

인용 기법(Reference Opening)

기존 고객 중에서 거래를 통해 성공하고 있거나 크게 만족해하고 있는 알 만한 거래선의 이름을 인용함으로써 신뢰와 흥미를 불러일으킨다. 일종의 질투심을 자극하는 전략이라 볼 수 있으며 우리의 문화와 의식구조에 비교적 잘 들어맞는 기법이라고 할 수 있다.

예) 귀사와 세일즈 상황이 흡사한 P사의 경우, 지난해에 지금 저희가 제안한 내용의 교육을 실시하여 그 성과에 매우 만족하고 있습니다.

세일즈 도구 활용 기법(Sales Aid Opening)

도표, 통계 자료, 보고서, 자료 철, 견본, 시연 장비 등을 활용하여 고객의 육감을 자극시킨다.

예) 여기 자료를 보시면 세일즈 교육 후 담당자별 실적 변화 추이를 아실 수 있습니다.

연결 기법(Link Opening)

재방문의 경우, 지난번 회합에서 합의된 사항을 언급하고 이번에 방문한 목적과 연결시켜 이야기한다. 특히 연결 기법은 대화를 독점하려는 수다형 고객들에게 매우 효과적이다.

예) 지난번 방문했을 때 요청하신 귀사의 실정에 적합한 세일즈 전략 모델에 관해 말씀드리겠습니다.

주의해야 할 함정

무엇에 관심을 기울이게 한다는 것은 마음속에 그것을 받아들이게 한다는 의미이다. 사람의 마음은 항상 무엇으로 가득 차 있기 때문에 새로운 것에 마음을 연다는 것이 그리 쉬운 일은 아니다. 고객의 관심을 끌어야 할 때는 특히 다음과 같은 사항에 유의하지 않으면 안 된다.

주위 환경

시끄럽거나 주의가 산만한 장소는 가급적 피하라. 사람의 마음은 눈, 코, 귀, 혀, 피부 등 5가지 감각기관을 통해 수시로 입력되는 정보들에 의해 남에게 개방적이 되기도 하고 폐쇄적이 되기도 한다. 그러므로 상대의 관심을 끌기 위해 주위 환경은 절대적인 요소가 된다. 가급적 소란하고 산만한 장소는 피하는 것이 좋다. 복잡한 장소에서 우연히 만난 고객은 조용한 장소로 이동하거나 차라리 다음 기회로 미루는 것이 보다 현명한 방법이다.

심적, 시간적 여유

고객이 너무 바빠 도저히 관심을 기울일 수 없다고 판단되면 다음 약속을 정하고 물러나는 것이 좋다. 그러나 고객이 "단, 5분밖에 만날 시간이 없다."라는 조건을 달 때도 위축될 필요는 없다. 왜냐하면 그 이후의 시간은 고객이 나타내는 관심도에 따라 얼마든지 늘어날 수도 있기 때문이다. 그러나 세일즈맨 자신이 심적, 시간적 여유를 갖지 못하고 무언가 쫓기면서 단지 일에 대한 욕심만으로 고객의 관심을 끌려고 한다면 이는 매우 잘못된 것이다. 세일즈맨은 철저한 자기 관리를 통하여 고객들과의 어떠한 만남에도 몸과 마음에 여유가 묻어나야 한다.

지나친 겸손

방문 목적이나 자신의 의사를 분명하게 밝히지 못하고 고객의 눈치만 보는 것은 금물이다. 당당하고 떳떳하게, 그러나 예의 바른 태도로 방문의 목적을 세일즈해야 한다. 여기서 세일즈라는 의미는 방문 목적에 대한 설명이 일방적인 통보가 되지 않고 상대방에게 기분 좋게 받아들여질 수 있도록 가능한 모든 감성 기술을 활용해야 한다는 의미 이다. 특히 "지나다가 들렀습니다."와 같은 방문의 의미와 가치를 떨어뜨리는 이야기는 절대 하지 말아야 한다. 이것은 고객의 자존심을 해칠 수도 있으며, 인간은 누구나 스스로 주인공이 되고 싶은 욕구가 있기 때문이다.

강박관념

미숙한 세일즈맨일수록 고객의 관심을 끌기 위해 자기가 주도적으로 무언가를 계속 말하지 않으면 안 된다는 강박 관념에 사로잡히게 된다. 물론 면담 초기 단계에서는 어느 정도 적극적으로 대처할 필요가 있다. 그러나 어떠한 경우에도 고객의 반응을 확인하는 것이 필수적이다. 왜냐하면 고객이 마음의 문을 열 것인가, 말 것인가는 전적으로 고객의 선택이기 때문이다. 유능한 프로 세일즈맨일수록 상대방의 이야기에 귀를 기울임으로써 관심을 끄는 능력이 있다.

속단

지레짐작, 속단, 편견은 금물이다. 고객에 대해 어느 정도 사전 정보를 갖고 왔다 하더라도 초기 단계에서는 반드시 고객을 예의 관찰하고 반응을 확인한 후 어느 정도 감이 잡힌 후에 가장 적합하다고 판단되는 화법을 구사하는 것이 좋다. 왜냐하면 사람의 기분과 감정 상태는 수시로 변할 수 있기 때문이다.

세일즈맨이 고객의 관심을 끌기 위한 다음 화법들을 읽고 위에 설명한 다섯 가지 기술 가운데 어떤 기술을 활용한 화법인지 맞추어 보자. 이런 화법들을 세일즈 현장에서 적극 활용해 보기 바란다.

1. 김 과장님! 지난 수십 년간 국내 100여 개 업체에서 저희 제품을 써왔지만 지금까지 문제가 발생된 적은 거의 없었습니다.

2. 정 부장님! 이번 건을 결정할 때 어떤 사항들을 가장 중요하게 고려하시는지 궁금합니다.

3. 김 이사님! 저희 제품들의 성능과 효과를 분석한 이 자료를 보시면 판단에 도움이 되실 것입니다. 대주상사의 김영태 이사께서는 저희 제품을 쓰신 후 매출이 10% 이상 늘었다며 매우 만족해하고 계십니다.

4. 박 대리님! 지난번 방문했을 때 서로 합의한 사항을 요약해서 말씀드리겠습니다. 사장님께서는 저희가 제시한 내용 중에서 추가 DC를 요청했지만 저희는 규정상 그렇게 해드릴 수 없다고 했습니다. 그 후 저희는 이 건에 대해 경영진을 설득해 보려고 엄청난 노력을 기울여 왔습니다. 오늘 제가 방문한 이유는 사장님께서 저희 당초 결제 조건을 승

낙해 주시면 얻게 될 추가 혜택에 대해 말씀드리기 위해서입니다.

5. 정 부장님! 과거에는 이 정도의 작업을 할 때 보통 사흘 이상이 걸렸습니다. 하지만 여기 브로슈어에도 잘 설명되어 있듯이 작업 능률을 획기적으로 올린 결과 공기를 반나절 정도 앞당길 수 있었습니다.

6. 김 차장님! 차장님의 시간을 절약하는 의미에서 곧바로 몇 가지 질문에 들어가겠습니다만, 현재 사용 중인 제품들에 대해서는 어느 정도 만족하고 계십니까?

7. 박 과장님! 지난번 상담할 때 저희 선물 세트를 구매한 업체들의 반응에 대해 설명 드린 것을 기억하십니까? 그래서 오늘은 그 문제에 관해 보다 구체적으로 논의하기 위해 찾아뵈었습니다.

8. 이 부장님! 최근에 부장님께서 귀사 제품의 품질 향상에 각별히 신경을 쓰신다고 들었습니다. 이번에 새로 출시된 이 제품은 품질이 우수하여 최근 고객들로부터 매우 좋은 반응을 얻고 있습니다. 부장님도 잘 아시는 D사의 박명호 이사님은 "이런 효과를 위해서는 돈을 더 지불해도 아깝지 않다."고 이야기했습니다.

자신의 세일즈 환경에 맞는 표준 세일즈 화법들을 개발해 보자. 개발시 유의할 점은 화법이 간결하면서도 정중하고 강력해야 한다는 것이다. 또한 고객의 관심을 자극할 수 있어야 한다. 판매 목표와 관련이 있어야 하고 고객에 대한 소구점이 분명해야 한다. 그리고 자연스럽게 제품 설명으로 들어갈 수 있어야 한다.

S·u·m·m·a·r·y

- 고객 관심이란 세일즈맨 자신이나 세일즈하고자 하는 제품에 고객이 관심을 갖게 하는 것을 말한다.
- 사람들은 누구나 자기 중심적이며 당면과제나 스트레스 때문에 타인의 문제에 관심을 기울이지 못한다는 것을 명심하자.
- 의도적으로 고객들의 관심을 끌려면 고도의 심리적 접근이 요구된다.
- 고객 관심 확보를 위한 5가지 기술을 세일즈 현장에 적극 활용하자.
- 자신의 세일즈 환경에 맞는 표준 세일즈 화법들을 개발해 보자.

고객 개발 기술

사람들이 즐겨 마시는 립턴 티(Lipton Tea)를 창업한 토머스 립턴(Thomas Lipton)은 오리 알은 달걀보다 영양가도 몇 배나 더 있고 맛도 좋은데 사람들이 오리 알보다 달걀을 더 좋아하는 이유는 닭은 알을 낳고 농장이 떠나가도록 '꼬꼬댁 꼬꼬'를 외쳐 대지만 오리는 알을 낳고도 시종일관 침묵으로만 일관하기 때문이라는 재미있는 일화를 남겼다. 이것은 비즈니스 활동에서 가만히 앉아서 찾아오는 고객들만 상대할 것이 아니라 스스로 고객을 찾아나서는 일이 얼마나 중요한가를 우화적으로 표현한 것이라 할 수 있다.

기존 고객들을 관리하고 유지하는 일은 물론 대단히 중요하다. 그러나 신규 고객을 개척하고 개발하는 일은 더욱더 중요한 일이다. 세일즈맨들은 대개 자기를 반겨주는 친숙한 기존 고객들만을 상대로 세일즈 활동을 펼치며 현실에 안주하려는 경향이 있다. 그러나 이렇게 해서는 획기적인 성공이나 발전은 불가능하다.

세일즈에서 성공 비결이 있다면 그것은 고객들을 체계적으로 개발하고 지속적으로 거래관계를 발전시켜 가는 것이다. 고객들과의 관계는 크게 신규 고객 개척, 기존 고객과의 거래 확대 그리고 이탈 고객과의 거래 재개 등 3부분으로 나누어서 생각해 볼 수 있다.

신규 고객 개발

세일즈에서 남다른 성공을 이루어내려면 신규 고객을 개척하는 데에서 그 해법을 찾아야 한다.

일반적으로 신규 고객을 개척하는 데는 기존 고객과의 거래에 비해 5배 이상의 시간과 노력이 들어간다고 한다. 이런 이유 때문에 소극적인 세일즈맨들일수록 신규 고객 개척을 게을리 하게 되는 것이다. 신규 고객 개척은 세일즈 환경과 세일즈맨이 처한 상황에 따라 실천 전략을 달리 해야 한다.

최근 확산되고 있는 다양한 형태의 고객 데이터베이스나 고객관계관리(CRM)와 같은 세일즈 자동화 도구들을 적극 활용하거나 텔레마케팅 팀과 같은 사내 지원 부서나 전문 아웃소싱 업체들로부터 전문적인 서비스를 제공받는 것도 좋은 방법이다.

신규 고객 확보에는 왕도가 없다. 세일즈맨이 처한 환경과 입장을 감안하여 자신에게 가장 효과적인 방법을 채택하면 되는 것이다. 신규 고객 확보에서 가장 중요한 것은 역시 체계적인 실천이다. 이를 위해서는 전체 세일즈 활동 시간의 일정 부분을 신규 고객 개척을 위한 활동 시간으로 책정하고 실천 계획을 수립하여 차질 없이 행동으로 옮겨야 한다.

다음은 신규 고객 개척을 위해 세일즈맨들이 손쉽게 활용할 수 있는 몇 가지 방안을 열거한 것이다.

- 텔레마케팅, 고객서비스 등 사내 지원 부서 활용
- 기존 고객들의 소개 및 추천
- DM 발송
- 샘플 제공
- 전시회 참가

- 세미나 혹은 제품 시연
- 광고
- 신문 탐독
- 구인광고 주시
- 인터넷 정보 활용
- 명함 및 접촉 자료 관리
- 빌딩 안내판 정보
- 업계 전문지 구독
- 지역사회 활동 참여
- 업계의 협회
- 예고 없는 방문

이상 열거한 바와 같은 다양한 수단을 동원하여 개발 가능한 모든 잠재 고객들에 대한 리스트를 만든다. 그리고 우선순위를 정하여 세일즈 활동을 펼치는 다음과 같은 3단계 실천 전략을 실시한다.

1단계 : 모든 잠재 고객들에 대한 리스트를 만든다.
2단계 : 확보된 모든 잠재 고객들을 점검하고 확인하여 유망 잠재 고객 리스트를 작성한다.
3단계 : 유망 잠재 고객 리스트를 토대로 세일즈 활동을 펼친다.

리스트에 포함된 이들 신규 고객은 제품이나 서비스에 관한 사전 지식 여부와 거래 가능성 정도에 따라 4가지 그룹으로 나눌 수 있으며, 이들 각각의 그룹에 대해서는 접근 전략을 달리해야 한다.

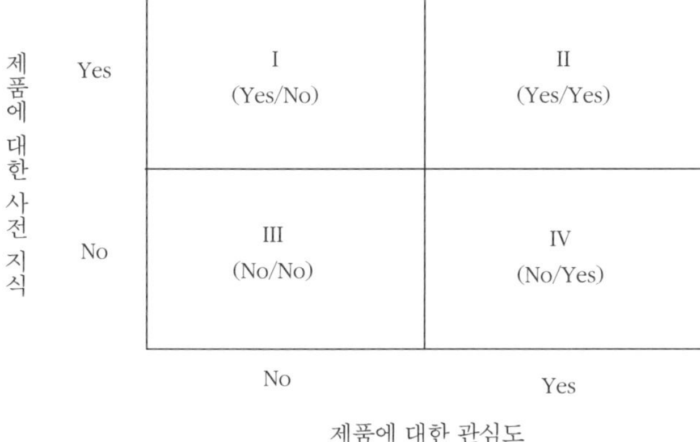

I. 제품에 대해 잘 알고는 있지만 아직 관심도가 낮은 경우

　: 편하고 쉬운 쪽을 선호하는 고객일 가능성이 높다.

〈대응 전략〉

• 고객 입장에서 번거로운 절차나 수고가 필요치 않음을 납득시킨다.

• 원 스톱 서비스를 강조한다.

II. 제품에 대해 잘 알지 못하지만 관심도가 매우 높은 경우

　: 제품이나 거래 조건에 대한 확신만 서면 당장 주문을 줄 수
　　있는 우유부단형의 고객일 가능성이 크다.

〈대응 전략〉

• 세일즈맨이 주도적으로 과감한 제안을 하고 클로징을 유도한다.

• 고객 맞춤형 제안을 한다.

III. 제품에 대한 관심도도 높고 이미 잘 알고 있는 경우

　　: 자신의 욕구와 당면 과제를 잘 알고 있는 경륜가형 고객일 가
　　능성이 높다.

〈대응 전략〉

• 고객 맞춤형 서비스를 제안한다.
• 부가 서비스에 의한 차별적인 대우가 필요하다.

IV. 제품에 대한 관심과 사전 지식이 없는 경우

　　: 변화와 도전을 싫어하는 현실 안주형 고객일 가능성이 크다.

〈대응 전략〉

• 고객의 안전 욕구를 충족시킬 수 있는 확실한 제안을 한다.
• 왕도는 없다. 쉽게 포기하지 말고 창의적인 노력을 계속하거나
　꾸준하게 관심을 갖는다.

기존 고객과의 거래 확대

대부분의 세일즈맨들은 신규로 거래를 시작하는 과정에서는 온갖
정성을 다 기울이다가도 일단 거래가 성사되고 나면 언제 그런 일이
있었느냐는 듯 무관심하게 된다. 마치 젊은 남녀가 연애를 할 때는
목숨까지 바칠 것처럼 하다가 일단 결혼하면 당연히 지켜야 할 도리
마저 무시하려 드는 행태에 비유할 수 있다.

성공적인 세일즈 활동을 위해 기존 고객들과의 거래 관계를 지속

적으로 개발하고 확장하는 것은 대단히 중요한 일이다. 이를 위해서는 기존 제품에 대한 거래 규모 확대는 물론 기존 제품들과 차별화되는 신제품들을 지속적으로 판매하는 업 셀링(up sclling)과 다운 셀링(down selling), 그리고 아직 거래가 이루어지지 않고 있는 관련 부서나 개인들에게도 판매하는 크로스 셀링(cross selling) 활동을 강화해야 한다.

특히 법인 영업(B2B sales)을 담당하고 있는 세일즈맨들은 전체 고객수의 20%에 불과한 소수의 고객들이 전체 매출의 80% 이상을 팔아주는 소위 파레토의 법칙에 주목해야 한다. 만약 세일즈맨이 이 20% 안에 속하는 기존 고객을 어떤 이유에서든 놓쳐버린다면 엄청난 어려움에 직면하게 될 것은 뻔한 일이다. 그러므로 어떤 경우에도 세일즈맨은 이런 사태가 발생되지 않도록 평소에 다음과 같은 측면에서 고객관리에 만전을 기하지 않으면 안 된다. 한번 이탈한 고객을 다시 잡기 위해서는 5배 이상의 노력이 필요하다고 하지 않는가? 고객은 회사에서 가장 중요한 유형자산이며 세일즈맨의 꿈과 이상도 결국 고객이라는 파이프라인을 통해서만 이루어질 수 있음을 명심하자.

- 모든 의사결정권자와 우호적인 관계를 유지한다.
- 더 나은 가치와 서비스를 제공함으로써 경쟁사 접근을 차단한다.
- 회사 및 공장 초청을 정기적으로 실시한다.
- 모든 계층의 관련자들에 대해 정기적으로 프로모션 활동을 편다.
- 특별 거래조건을 제공한다.
- 자문 서비스(consulting)를 제공한다.

- 광고 및 판촉 활동을 지원한다.
- 공동사업을 추진한다.
- 방심하지 않는다.

이탈 고객과의 거래 재개

성공적인 세일즈 활동을 위해 또 하나 중요한 사항은 이탈 고객과의 거래 재개 문제이다. 물론 더욱 중요한 것은 이탈 고객이 발생하지 않도록 하는 일이다. 그러나 어쩔 수 없이 이탈 고객이 발생되었다 하더라도 창의적이고 지속적인 노력을 통해 거래관계를 재개해야 한다. 특히 감정적인 불만사항 때문에 거래가 단절된 경우는 다음과 같은 노력을 지속적으로 기울이면 거래 관계가 재개될 수 있다.

- 지속적인 방문
- 거래 단절 사유에 대한 정확한 파악
- 과거의 실수와 잘못에 대한 시인 및 사과
- 과거의 잘못에 대한 보상 및 대책 수립
- 의사 결정권자들과의 유대 강화
- 과거와 같은 실수가 재발되지 않도록 근본적인 대책 수립
- 회사가 수립한 대책을 이해시킴
- 인내와 끈기
- 합리적이고 이성적인 접근 뿐만 아니라 감성적인 접근도 필요
- 사고 재발 시 확실한 보상 약속

상담 약속 만들기

요즘은 고객들과 상담 약속을 만들어내는 것 자체가 제품 세일즈 못지않은 중요한 과제로 떠오르고 있다. 고객들과 상담 약속을 하기 위해 다양한 방법들이 강구될 수 있겠지만 그 가운데 가장 중요한 방법은 역시 다음의 두 가지일 것이다.

- 서신이나 이메일, 전화 걸기
- 예고 없는 방문

고객에게 있어서도 시간은 가장 소중한 자원이다. 세일즈맨이 고객으로부터 이렇게 소중한 시간을 흔쾌히 할애 받으려면 그에 대한 대가를 되돌려줄 수 있다는 확신을 심어주어야 한다. 세일즈맨은 상담 약속이라는 또 하나의 상품을 고객에게 세일즈한다는 생각으로 다음 사항들을 염두에 두고 실천해야 한다.

1. 목표를 정하라. 언제, 어디서, 누구를, 어떻게, 왜 만나야 하는 지를 종합적으로 판단하여 구체적인 실천 계획을 세우라.
2. 사전에 준비하라. 방문할 회사와 고객에 대한 구체적인 정보를 수집 분석하고 전화가 연결되었을 때 첫 인사, 자기소개, 관심 끌기, 왜 고객이 당신을 만나야 하는지, 그리고 만남을 거절할 때 어떻게 할 것인지와 클로징 화법 등에 대해 치밀하게 준비 한다.
3. 자신감, 친근감, 겸손함이 넘치는 인사를 하라. 가능하면 상대

방의 이름을 정확히 부르고 당신의 이름과 직함도 정확히 밝힌 다음, 전화에 응해주어 고맙다는 인사를 하라.

4. 상대방의 관심을 재빨리 포착하라. 준비된 화법을 구사하여 고객의 관심을 끌어들이라. 처음 몇 초가 승부처다. 적당한 유머 감각과 적극적인 태도를 보이라.

5. 당신과의 상담이 그에게 득이 된다는 사실을 납득시키라. 머뭇거리거나 덤벙대지 말고 차분하고 당당하게 고객이 당신을 만나면 여러 가지로 득이 된다는 사실을 이해시키라.

6. 반론과 지연작전에 공손하고 단호하게 대처하라. 항상 고객의 의견에 감사를 표하라. 결코 논쟁해서는 안 된다. 면담 시간이 길지 않음을 강조하고 당신과의 만남이 고객에게 이익을 가져다준다는 사실을 설명하라.

7. 당신이 계획한 대로 클로징을 유도하라. 당초 당신이 계획한 대로 약속을 요청해 보고 거절하면 대안을 제시하라. 약속 날짜와 시간, 장소를 결정하는 데 있어 가능하면 융통성을 발휘하라.

8. 비서나 다른 직원들의 방해 공작을 극복하라. 이들의 방해 공작에 스트레스를 받을 필요는 없다. 그들로서는 당연히 그렇게 할 수 있다고 생각하고 다음과 같은 돌파 전략을 세우라.

- 그들이 잘 알고 있는 영향력 있는 사람을 활용한다.
- 고객에게 대단히 중요하고 급한 전화인 것처럼 말한다.
- 고객이 기다리고 있는 전화인 것처럼 한다.
- 번번이 차단하는 사람은 가급적 우회하여 연결을 시도한다.

- 중요한 현안 문제와 연관시켜 말한다.

고객 상담 시 유의사항

필자가 몸담고 있는 택인터내셔널 사는 정기적으로 다양한 분야의 고객들을 대상으로 그들이 세일즈맨을 대할 때 어떠한 판단 기준을 적용하고 있는지를 조사해 오고 있다. 다음은 그런 조사를 토대로 세일즈맨들이 고객을 만날 때 어떠한 마음가짐과 행동을 취해야 하는지 요약 정리한 자료이다.

고객들이 좋아하는 세일즈맨의 유형

- 태도가 친절하고 정중하다.
- 제안이나 설명이 간결하고 분명하며 준비가 잘 되어 있다.
- 사전에 약속 시간을 정한다.
- 시간을 잘 지키고 고객의 시간을 낭비하지 않는다.
- 제품, 고객 및 회사에 대한 풍부한 지식과 최신 정보를 가지고 있다.
- 고객의 욕구(Needs)를 경청하고 민감하게 대응한다.
- 상대방을 존중하고 호감이 가는 밝은 용모를 유지한다.

고객들이 싫어하는 세일즈맨의 유형

- 제안이나 설명이 엉성하고 준비가 제대로 되어 있지 않으며 내용이 분석적이지 못하다.
- 태도가 신중하지 못하고 산만하다.

- 시간 약속에 늦거나 쓸데없는 잡담을 하며 대화를 너무 길게 끈다.
- 공격적으로 보이거나 고객을 압도하려고 한다.
- 외모가 단정하지 못하다. 제품에 관련된 세부 사항, 가격, 결제 조건, 납기 등에 관한 정보나 지식이 부족하다.

S·u·m·m·a·r·y

- 고객 개발에는 기존 고객과의 거래 확대, 신규 고객 개발, 이탈 고객들과의 거래 재개 활동이 포함된다.
- 고객 개발은 잠재 고객을 찾아내어 거래를 성사시킨 다음, 지속적인 거래관계를 통하여 장기적인 파트너십 관계를 구축하는 것을 말한다.
- 신규 고객을 체계적으로 개발하려면 전체 가용 시간 중에서 일정 비율의 시간 할애가 필수적이다.
- CRM을 적극 활용하고 평생고객 개념을 갖자.

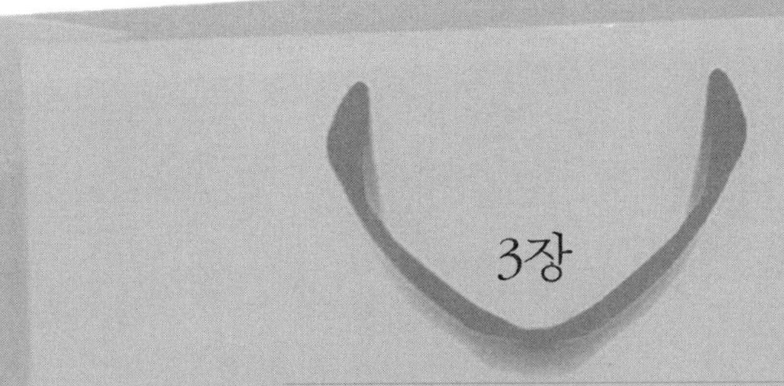

3장

YOUR QUESTIONS
고객 욕구 파악

질문 기술

세일즈는 고객의 문제를 파악하고 확인하여 해결책을 제시함으로써 서로에게 득이 되는 합의점을 찾는 과정이다. 세일즈맨이 고객에게 제대로 된 해결책을 제시할 수 있으려면 무엇보다 고객이 무엇을 원하는지를 파악하기 위한 적절한 질문이 먼저 있어야 한다. 세일즈는 질문으로 시작해서 질문으로 끝난다 해도 과언이 아니다. 고객에게 질문을 잘하면 원하는 정보를 얻을 수 있을 뿐만 아니라 고객의 자긍심을 부추기고 기분을 좋게 만들어 주는 부수적인 효과도 얻을 수 있다. 그러나 세일즈맨이 고객에게 제대로 된 질문을 하지 못하거나 썰렁한 질문만 해댄다면 상담의 성과는 보나마나 뻔할 것이다.

필자의 조사에 의하면 우리나라 세일즈맨들은 대체적으로 다음과 같은 환경적 요인들로 인해 질문 기술이 취약한 것으로 나타났다.

- 질문을 장려하는 문화를 갖고 있지 않다.
- 남의 이야기를 경청하는 문화를 갖고 있지 않다.
- 질문하는 습관을 익히지 못했다.
- 질문 기술을 갖추지 못하고 있다.
- 질문할 내용을 모르고 있다.
- 질문 전략이 없다.
- 자기 중심적 사고에 빠져 스스로 속단하고 유추하는 습관이 있다.

질문의 종류

고객에게 능수능란한 질문 기술을 구사하여 공감대를 만들고 고객이 원하는 쇼핑 리스트를 자세히 파악할 수 있다면 이미 세일즈의 반 이상은 달성된 것이나 다름없다. 지금까지 필자가 세일즈 현장에서 만난 대부분의 세일즈맨들은 고객의 쇼핑 리스트 파악에 주력하기보다는 자신의 세일즈 리스트를 설명하는 데 대부분의 시간을 할애하고 있었다.

고객으로부터 쇼핑 리스트를 파악하기 전에는 어떠한 제안 설득도 하지 말아야 한다. 또한 고객의 쇼핑 리스트를 파악하기 위해서는 질문을 해야 한다. 질문을 잘하면 고객의 관심을 끌 수도 있을 뿐만 아니라 고객이 정확히 무엇을 원하고 있는지 알 수 있다.

고객이 원하는 바를 정확히 파악하고 난 후에 제안 설득을 해도 결코 늦지 않다. 아니 늦지 않을 뿐만 오히려 더 능률적이고 효과적인 제안 설득이 가능해진다. 이는 마치 몸이 가려울 때 옆 사람이 무조건 그 부위를 더듬는 것보다 사전 질문과 확인을 통하여 가려운 부위만을 집중적으로 긁어 주는 것이 더 큰 만족을 주는 것과 같은 원리이다.

질문을 잘하려면 질문할 내용은 물론 그런 질문을 언제 어떻게 해야 하는지와 같은 질문 전략과 기술이 대단히 중요하다. 질문을 잘하려면 다음과 같은 다양한 종류의 질문들을 익혀서 그때그때 상황에 맞게 효과적으로 활용할 수 있어야 한다.

한정 질문(Closed Question)

"~하실 수 있습니까?" "~하시겠습니까?" "~는 가지고 있습니까?" "~는 없습니까?" "~입니까?" "~아닙니까?"와 같이 대답하는 사람으로 하여금 대상을 선택하고 결정하게 만드는 질문이다. 이런 한정 질문은 보다 확실한 대답을 들을 수 있다는 장점이 있다. 그러나 보다 자세한 입장 표명이나 설명을 제약하는 단점을 가지고 있다. 자주 만나는 고객들이나 친숙한 고객들에게 규격 제품들을 취급하는 세일즈맨들이 주로 활용하는 질문 기법이다.

확대 질문(Open Question)

"그 점에 대해서 말씀해 주실 수 있겠습니까?" "그 점에 대해 설명해 주실 수 있습니까?" "~에 대한 귀하의 견해는 어떻습니까?"와 같은 6하원칙을 활용하여 질문하는 것을 말한다. 확대 질문은 상대방의 의견을 개진하고 마음을 열도록 만드는 장점이 있는 반면 자신의 입장을 의도적으로 피해가도록 빌미를 줄 수 있는 단점이 있다. 일단 확대 질문을 던지면 상대방의 대답에 적극적으로 경청하는 모습을 보여주어야 한다. 양질의 확대 질문을 할 수 있으려면 문제의 본질과 전후좌우 관계를 잘 파악하고 있어야 한다. 대부분의 세일즈맨들은 확대 질문보다는 한정 질문을 선호하는 경향을 보이고 있다.

탐색 질문(Probing Question)

상대방으로부터 보다 심층적인 이야기를 듣고자 할 때 사용하는 질문 기술이다. 예를 들면 "현재 상태에서 어느 정도 개선되면 수용할 수 있겠습니까?"와 같은 질문이다. 탐색 질문을 통해 상대방의 의향이나 의도를 파악하려 할 때는 그런 질문을 던져도 되는 분위기가 조성되어 있는지를 파악해야 한다.

제한 선택 질문(Choice Question)

이 질문 기법의 목적은 상대방의 관심을 한정된 범위 안으로 끌어들여 그 중에서 최종적으로 한 가지 안을 택하도록 유도하는 데 있다. 예를 들면 "이들 3가지 모델 중에서 어느 것이 가장 좋습니까?"와 같은 질문이다.

우유부단한 고객들에게 신속한 결정을 유도하는 방안으로 활용할 수 있지만 잘못하면 상대방에게 압박감을 줄 수 있는 위험성이 있기 때문에 조심스럽게 사용해야 한다.

유도 질문(Leading Question)

이 질문은 상대방으로 하여금 긍정적인 결론을 내리도록 유도하는 데 매우 효과적이다. 그러나 아직 상대방과 충분한 공감대가 조성되어 있지 않은 상황에서는 오히려 상대방을 부정적으로 돌아서게 만드는 위험성이 있다. 예를 들면 "선생님도 그 내용에 동의하시지요?" "선생님은 그렇게 느끼시지 않습니까?"와 같은 질문들이다.

연결 질문(Link Question)

이 질문은 상대방으로 하여금 계속 이야기를 많이 하도록 하면서 화제를 바꾸는 데 매우 유용하다. 예를 들면 "지금까지 배기가스가 공기 오염에 미치는 영향에 대해 말씀하셨는데 그 심각성이 구체적으로 어느 정도입니까?"와 같은 질문이다.

연결 질문은 심리적으로 상대방의 욕구와 가치에 연결되어 이루어지는 질문이기 때문에 매우 효과적이지만 상대방의 이야기를 효과적이고 적극적으로 잘 들을 수 있는 경청의 기술이 요구된다.

상황별 질문 전략

고객이 세일즈맨에게 어느 정도 관심을 보이고 있는가, 그리고 고객이 원하는 바를 세일즈맨이 어느 정도 알고 있는가에 따라 세일즈맨의 질문 전략은 달라져야 한다.

다음 그림에서 X축은 세일즈맨에 대한 고객의 관심 여부를, Y축은 제품에 대한 고객의 욕구 파악 여부를 나타내고 있다.

그림에서와 같이 X, Y축의 가운데를 기준으로 양분하면 다음과

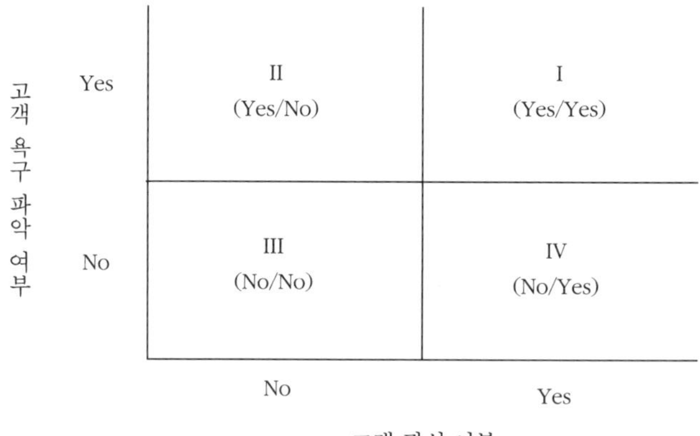

같은 4가지 경우의 상황을 설정할 수 있다. 서로 다른 4가지 세일즈 상황에서 세일즈맨들은 어떤 질문 전략을 펼쳐야 할까?

I. 고객의 욕구가 파악되었고 세일즈맨에게 긍정적인 관심을 보이는 경우

: 고객이 먼저 상담을 요청하거나 아니면 세일즈맨의 상담 요청에 기꺼이 응하는 경우이다. 누구나 믿을 수 있는 유명 제품이거나 가격 중심의 규격 제품일 경우에 흔히 일어나는 형태이다.

〈질문 전략〉
• 거래 규모, 시기 등을 파악하기 위한 탐색 질문, 유도 질문을 한다.
• 고객의 의사 결정과 세일즈 클로징을 유도하는 제한 선택 질문을 한다.

II. 고객의 욕구는 파악되었으나 세일즈맨의 접근에 소극적인 반응을 보이는 경우

: 이런 고객은 가급적 번거로운 것을 기피하려는 경향이 있으므로 무엇을 그들을 번거롭게 하는지, 또 어떻게 하면 그것을 해결할 수 있는지 물어보아야 한다.

〈질문 전략〉
• 고객이 기대하고 있는 것을 물어보는 확대 질문과 유도 질문들을 주로 한다.
• 고객의 의사 결정을 유도하는 한정 질문을 한다.

III. 고객의 욕구도 파악되지 않았고 세일즈맨의 접근에 부정적인
     태도를 취하는 경우
  : 이런 고객은 변화와 도전을 가급적 회피하고자 하는 욕구가 강
   하다. 질문을 통해 구체적으로 어떻게 하면 그런 욕구를 충족시
   켜 줄 수 있는지 확인해야 한다.

〈질문 전략〉
• 고객의 당면 과제와 욕구를 파악하기 위한 확대 질문을 주로 한다.
• 고객이 염려하는 바를 충족시켜 주면 거래할 의향이 있는지 물
  어본다.

IV. 고객의 욕구는 파악되지 않았지만 세일즈맨에게 긍정적인 관
     심을 보이는 경우
  : 이런 고객은 자신의 욕구가 충족될 수 있다고 확신하는 순간
   구매를 결정할 가능성이 매우 높다.

〈질문 전략〉
• 고객의 당면 과제와 욕구를 파악하기 위한 확대 질문을 주로 한다.

고객 유형별 질문 전략

고객들은 매우 다양하므로 고객별로 어떤 질문 전략을 구사해야
하는지도 매우 중요한 과제이다. 다음은 세일즈 현장에서 만나게 되
는 다양한 고객들 중에서 비교적 다루기 힘든 유형들에 대한 질문

전략을 요약한 것이다.

수다형 고객

이런 유형은 자기 이야기를 끝까지 들어주는 사람들을 좋아하는 반면에 이야기를 차단하거나 들으려고 하지 않는 사람들에게는 거부 반응을 나타낸다. 이들은 사람들을 만나면 자기방어 본능이나 과시욕 때문에 끊임없이 이야기하려 한다.

〈대응 전략〉
• 가급적 고객의 이야기를 충분히 듣고 난 후에 질문을 시작하라.
• 상대방 이름을 부른다.
• FIND 질문 기법을 활용하라.
• 시각 자료를 활용하여 고객의 관심을 끌라.

산만형 고객

이런 유형은 보통 내성적이며 당신과 눈을 마주치려 하지 않을 것이다. 또 몸을 잠시도 가만 두지 않고 움직이든지 손으로 물건을 만지작거리는 경우가 보통이다.

〈대응 전략〉
• 고객의 이름을 불러라.
• 시각 자료를 활용하여 고객의 관심을 집중시켜라.
• 되도록 확대 질문을 하라.
• 적극적으로 경청하라.

이런 유형은 뚜렷한 주관이 부족하기 때문에 가급적 모든 결정을 뒤로 연기하려 하거나 남에게 위임하려 한다.

〈대응 전략〉

- 확대 질문보다는 한정 질문이나 제한 선택 질문, 유도 질문이 효과적이다.

경륜가형 고객

이런 유형의 고객 앞에서는 당신이 많이 아는 것처럼 떠들어대는 것은 금물이다. 고객의 체면과 자존심을 건드려서는 안 되며 고객과 논쟁하거나 다투는 것은 거래의 끝장을 의미한다.

〈대응 전략〉

- 논쟁하지 말고 질문하라.
- 경청하라.
- 고객의 경험과 경륜을 무시하지 말라.
- 직접적인 충돌을 피하라.

FIND 질문 전략

질문에도 전략이 필요하다. 지금까지 설명한 단순 질문들을 통하여 알고자 하는 바를 충분히 파악할 수 있었다면 굳이 이런 복합 질문(complex question)은 필요하지 않을 것이다. 그러나 구매 단가가 높고 거래 금액이 클 뿐만 아니라 거래 특성상 공급처를 바꾸기가 쉽지 않는 대부분의 법인영업(B2B sales)의 경우에 있어서는 지금까지 설명한 단순 질문들만 가지고는 고객을 효과적으로 공략할 수 없다. FIND 질문 전략은 이런 경우에 매우 효과적으로 활용할 수 있다. 이 질문 전략은 아래 설명한 바와 같은 질문들의 종류를 나타내는 영어 단어의 첫 글자를 따서 만든 조어이며 고객의 의도와 요구를 찾아낸다는 의미를 가지고 있다.

FIND 질문 전략은 그동안 파악된 고객의 내면적 욕구(implicit needs)를 몇 단계로 구성된 복합적인 질문 절차(questioning process)를 통해 확인된 욕구(explicit needs)로 전환하는 질문 전략이자 고차원적 커뮤니케이션 기술이다. FIND 질문 유형에는 상황 파악 질문, 문제점 제기 질문, 파급 효과 확인 질문, 해결책 제시 질문이 있다.

1. 상황 파악 질문(Fact Finding Questions)

그동안 파악된 고객의 내면적 욕구(implicit needs)와 관련하여 다음 단계의 질문들로 나아가기 전에 그와 관련된 상황들을 보다 자세히 파악하여 보다 효과적인 질문 전략을 펼칠 수 있도록 하는 데 그 목적이 있다.

상황 파악 질문은 '지피지기면 백전백승이다'의 원리에 따라 고객의 내면적 욕구와 관련된 여러 가지 복잡한 상황들을 파악하기 위한 질문이다.

〔예〕

- 현재 귀사에서는 어떤 컴퓨터 장비들을 주로 사용하고 있습니까?
- 이곳에서 근무하는 인원은 어느 정도입니까?
- 지금 추진하고 있는 프로젝트는 언제쯤 완료되어야 합니까?

〈주의점〉

- 상식 이하의 질문이나 너무 많은 질문, 뻔한 질문, 중복된 질문은 삼가야 한다.
- 고객이 밝힌 내면적 욕구와 연관성이 적은 질문이나 부정적인 영향을 미칠 수 있는 질문은 삼가야 하며 그 내면적 욕구를 환기시키거나 촉진할 수 있는 질문을 해야 한다.
- 경우에 따라 상황 파악 질문을 생략하고 문제점 제기 질문으로 들어갈 수도 있다.
- 전체 질문 전략의 첫 단추를 끼우는 과정임을 염두에 두자.

2. 문제점 제기 질문(Issue Raising Questions)

고객이 밝힌 내면적 욕구와 관련하여 당면하고 있는 과제와 문제점들을 고객의 입을 통해 직접 확인하게 하는 질문 단계이다. 이런 질문 과정을 통해 세일즈맨은 그동안 파악된 고객의 내면적 욕구(implicit needs)를 외면적 욕구(explicit needs)로 전환할 수 있게 된다.

〔예〕

- 시스템 중단 사태는 얼마나 자주 발생되고 있습니까?

- 지금 즉시 해결되어야 할 과제는 무엇입니까?

- 그 밖에 어떤 문제가 있습니까?

〈주의점〉

- 확대 질문을 통해 보다 많은 정보를 수집해야 한다.

- 한정 질문을 하지 않도록 하여 고객으로부터 부정적인 반응이 나올 수 있는 빌미를 만들지 않아야 한다.

- 세일즈 목적에 부합하는 대답을 유도하는 질문이어야 한다.

3. 파급 효과 확인 질문(Net Effect Questions)

지금까지 고객의 입을 통해 직접 확인된 고객의 욕구와 당면 과제에 대해 당장 적절한 해결책이 마련되지 않을 때, 고객에게 초래될 수 있는 예상 손실이나 문제점들에 대해 고객에게 직접 확인해 봄으로써 경각심을 불러일으키기 위한 의도된 질문이라 할 수 있다.

이 질문은 고객의 심적 충격과 고통의 확대를 통해 내재된 소극적 욕구를 바깥으로 표출하게 하여 보다 적극적인 욕구로 바꾸어 주는 데 그 목적이 있다.

예

- 그 문제에 대한 해결이 지금 당장 이루어지지 않으면 어떤 결과가 초래될 것으로 예상하고 있습니까?

- 그 문제를 해결하지 않고 그대로 둔다면 귀사에는 어떤 영향을 미치게 될까요?

- 그 문제로 인해 어떤 결과가 발생되리라 예상하십니까?

〈주의점〉

- 문제점 제기 질문에 대한 고객의 반응을 확인하고 충분한 공감대 형성이 확인되면 질문한다.
- 고객이 세일즈맨의 유도 심문에 걸려들었다는 피해 의식을 갖지 않도록 주의한다.
- 고객의 대답에 경청하고 공감을 표시한다.

4. 해결책 제시 질문(Developing Solution Questions)

세일즈맨이 고객의 당면 과제에 대한 해결책을 제시하면서 구매 의사를 최종적으로 확인하는 FIND 질문 프로세스 마지막 단계의 질문 기술이다.

[예]

- 그 문제가 해결될 수 있다면 귀사에 어떤 이득이 있습니까?
- 그런 품질문제가 재발되지 않는다면 귀사의 품질 관리에 어느 정도 도움이 됩니까?
- 이번 건에 대한 납기 문제가 해결된다면 귀사에는 어느 정도 도움이 됩니까?

〈주의점〉

- 자신감을 갖고 침착하게 한다.
- 세일즈 목적에 부합되는 대답을 유도한다.
- 예상치 못한 반응에 당황하지 말고 고객이 그렇게 판단하는 이유에 대해 질문하고 적절히 대처한다.

질문 사항

질문 기술이 아무리 뛰어나도 어떤 내용에 대해 질문해야 할지 모르면 아무런 소용이 없다. 이는 마치 포수가 총을 아무리 잘 쏜다 해도 과녁을 맞추지 못하는 것과 같기 때문이다. 고객에게 어떤 질문을 할 것인지 사전에 다음과 같은 체크리스트를 만들면 더욱 효과적이다.

일반적 사항

- 거래처의 제품 및 서비스의 종류와 범위는?
- 거래 담당자가 속해 있는 부서의 역할과 업무 영역은?
- 거래처의 조직 체계는?
- 중요한 현안 문제가 있다면 이에 대한 고객의 생각은?
- 구매하려는 제품에 대한 고객의 주요 관심사는?

구매 결정과 관련된 사항

- 구매 결정은 어떻게 이루어지는가?
- 구매 예산 집행권자는 누구인가?
- 구매 결정 시 판단 기준은?
- 구매 대금 결제를 위해 미리 결정된 예산이 부족할 경우는 어떻게 할 것인가?
- 판매하려고 하는 제품에 대해 가장 관심을 가지고 있는 부분은 어떤 것인가?
- 언제까지 모든 의사 결정이 이루어져야 하는가?

구매 예산에 관련된 사항

- 예산의 규모는?

- 누가 예산을 관장하고 있는가?

- 예산 집행은 어느 정도까지 가능한가?

- 결제 조건은 어느 정도 중요한가?

- 누가 예산을 배정하고 집행하는가?

공급처로부터 기대하고 있는 사항

- 신뢰할 수 있는 공급처와 거래하는 것을 어느 정도로 중요하게 생각하고 있는가?

- 좋은 구매처에 대한 판단 기준은?

- 단가 및 결제 조건에 어느 정도의 비중을 두는가?

- 애프터서비스에 대한 기대 수준은?

- 공급처와 지리적인 근접성에 어느 정도 비중을 두는가?

- 공급처에 특별히 요구하고 싶은 사항은?

구매 관행

- 지금까지의 경력은?

- 지금까지의 구매 관행과 의사 결정 기준은?

- 과거 구매 관행이 이번 구매 결정에 미치는 영향은?

- 구매 절차와 세부 추진 일정은?

향후 사업 계획

- 향후 확장 계획은?

- 향후 반년에서 1년 동안 어느 정도의 변화가 예견되는가?
- 구매 방법은 어떻게 변경되는가?
- 지금까지 접촉한 부서 및 인물 외에 또 접촉해야 할 사람은 누구인가?

S·u·m·m·a·r·y

- 세일즈는 질문으로부터 시작된다. 무엇을 팔려고 설명하기 전에 고객이 무엇을 원하는지 질문하라. 질문을 잘하면 세일즈는 저절로 이루어진다. 노련한 세일즈맨일수록 질문을 잘한다.
- 질문을 잘하려면 질문하는 기술은 물론, 무엇을 질문해야 하는지를 알아야 한다.
- 질문은 과학적이고 예술적이어야 하며 습관화되어야 한다. 질문을 잘하려면 질문 전략과 기술이 있어야 한다.
- 6하원칙으로 시작하는 확대 질문을 많이 하자.
- FIND 질문 기법을 적극 활용하자.

대화 기술

질문 기술은 유능한 세일즈맨이 되기 위해 반드시 필요한 기술이다. 그렇다면 질문만 잘하면 모든 문제가 다 해결되는가? 물론 그렇지는 않다. 왜냐하면 질문은 세일즈 활동의 한 부분일 뿐 전체는 아니기 때문이다. 세일즈맨으로서 질문을 잘한다는 것은 성공 세일즈 활동을 위한 필요조건은 될 수 있지만 충분조건은 아니다. 세일즈는 세일즈맨이 고객을 만나 설득력 있는 대화를 펼치는 과정이라고 정의할 수 있다.

일반적으로 모든 세일즈 대화는 정보의 수집과 정보의 제공 그리고 상호 의견을 조정하고 합의하는 세 부분으로 이루어진다. 세일즈맨의 입장에서 보면 정보의 수집을 위해서는 질문과 경청의 기술이 요구되고 정보의 제공을 위해서는 제안 설득 기술이, 그리고 상호 의견 조정과 합의를 위해서는 협상 및 클로징 기술이 요구된다. 그 밖에도 공감대를 구축하는 기술, 대화의 흐름을 조절하는 기술 등 아래 설명한 것과 같은 다양한 기술들이 필요하다. 세일즈맨으로서 대화술에 뛰어나다는 것은 축구선수가 달리기에 능한 것만큼이나 큰 장점이 아닐 수 없다.

고객은 세일즈맨의 대화술에 따라 형사로부터 취조를 당하고 있다는 기분을 느낄 수도 있고 오랜 고향 친구를 만나 정담을 나누고 있는 것과 같은 느낌을 받을 수도 있다. 만약 당신이 고객이라면 어떠한 대화술을 구사하는 세일즈맨과 거래를 하고 싶겠는가? 좋은 대화술은 타고나는 것이 아니라 많은 독서를 통한 지식 습득과 폭넓은 체험 학습을 통해 서서히 만들어지는 것이다.

경청의 기술

경청은 성공하는 세일즈맨이 되기 위해 갖추어야 할 가장 중요한 자질 가운데 하나이다. 인간은 누구나 자기 이야기를 열심히 적극적으로 들어주기를 기대한다. 유능한 세일즈맨은 고객의 이런 기대를 효과적으로 충족시켜 줄 수 있어야 한다. 따라서 고객과 이야기할 때는 "알겠습니다." "저도 동감입니다." "어떻게 도와드려야 할지." "사장님이 말씀하시는 내용을 충분히 이해합니다." 등 고객의 이야기를 적극적으로 경청하고 있다는 암시를 계속적으로 보낼 필요가 있다.

경청을 잘함으로써 세일즈맨과 고객 사이의 관계가 종속적인 관계에서 상호 보완적인 대등한 관계로 발전해갈 수도 있다. 그러나 자기 이야기만 일방적으로 떠들어대는 세일즈맨은 좀처럼 좋은 인간관계를 만들어 갈 수 없다.

의사들이 환자를 치료할 때 환자의 이야기를 열심히 들어주는 것도 같은 원리이다. 환자의 입장에서는 의사가 자기의 이야기를 열심히 들어주었다는 사실만으로도 온몸이 가벼워지는 느낌을 갖게 된다. 경청한다는 것은 상대방에 대한 관심의 표시이자 존중과 배려의 표시이다. 고객에게 자긍심을 부추길 수 있는 적절한 질문을 하고 열심히 경청한 후에 적절히 응대하는 것만으로도 고객과의 인간관계를 획기적으로 개선할 수 있다. 또한 경청을 함으로써 고객이 무엇을 기대하고 있는지에 관한 정보를 수집할 수도 있다. "저는 고객을 소중히 생각하고 있습니다."라는 마음을 고객에게 전달하고 싶다면 경청 이상으로 더 좋은 방법은 없다.

경청은 고도의 기술과 숙련을 요하는 기술이다. 훌륭한 경청 기술을 습득하려면 다음에 제시된 5가지 지침들을 지속적으로 실천해야 한다. 이런 기술들은 초기 단계에서는 의도적으로 기억하고 의식적으로 실천하는 노력이 절대적으로 필요하다. 그러나 이 단계를 넘어서면 자기도 모르게 몸에 체질화되고 습관화되게 된다. 무엇을 진정으로 안다는 것은 이런 경지에 다다른 상태를 말하는 것이다.

1. 사전 준비

사전에 필요한 준비를 해두면 자신감을 가지고 고객의 이야기에 몰입할 수 있다.

2. 분위기 조성

고객으로 하여금 자신의 솔직한 심정을 말하길 잘했다고 느끼게 하는 것이 중요하다. 먼저 고객이 말하는 분위기와 감정 상태에 맞는 몸가짐과 마음가짐을 가져야 한다. 그리고 고객의 이야기를 온몸으로 듣고 이해할 수 있다는 반응을 보내야 한다.

3. 신체적 표현 방법 활용

신체 언어(body language)가 말보다 효과적인 경우가 있다. 지겹다는 표정이나 의욕 없는 표정은 무관심을 나타낸다. 눈의 표정도 중요하다. 눈을 마음의 창이라고 하듯이 눈을 보면 관심의 정도를 알 수 있다. 눈웃음 등의 얼굴 표정이나 몸짓은 고객의 말에 수긍한다는 표시이다.

4. 반응 표시

"네." "알겠습니다." 등의 맞장구를 치면 관심을 기울여 듣고 있다는 것이 된다.

5. 역지사지

고객의 문제를 파악하기 위해서는 고객의 입장에 서서 이야기를 듣는 것이 중요하다.

경청할 때 주의할 점

인간은 1분 동안에 평균 125 단어 정도를 말할 수 있지만 청취 능력은 그보다 훨씬 많은 분당 400~600 단어나 된다고 한다. 그렇기 때문에 상대방의 이야기를 앞질러가면서 속단을 한다든지 옆길로 빠지는 경향이 있다. 경청의 기술은 부단한 노력과 연습을 통해서만 습득이 가능하다. 효과적인 경청을 위해 다음과 같은 사항들에 주의를 기울이기 바란다.

- 상대방과 논리 전개 시합을 한다든지 언쟁을 하는 것은 금물이다. 마음을 넓게 가지고 상대방의 이야기가 끝날 때까지 속단하지 말고 인내심을 가지고 기다려야 한다.
- 대화 내용이 지루하고 당신에게 중요하지 않다고 생각되어도 결코 귀 문를 닫지 말아야 한다. 그 중에는 반드시 유익하고 도움

이 되는 정보와 아이디어들이 숨어 있다.

- 내용은 훌륭하지만 전달하는 기술이 부족하여 흥미를 끌지 못하는 경우도 있다. 그러므로 결코 전달하는 형식만 가지고 그 내용까지 판단하지 말아야 한다.
- 대화 중 좋지 못한 말버릇이나 행동을 반복하는 사람도 있는데 이에 대해 관대해야 한다. 거기에 신경을 쓰다 보면 이야기의 본론을 들을 수 없기 때문이다. 말을 너무 느리게 하는 경우에도 말하는 내용을 요약한다든지 정리해 봄으로써 자신을 컨트롤 하는 시간을 갖는 것이 좋다.
- 가끔 주제나 내용이 너무 어려워 처음부터 포기하고 경청하려 하지 않는 경우가 있다. 하지만 아무리 어려운 내용이라 하더라도 문장과 어휘를 분명하게 들어놓으면 언제든지 그 내용을 확인하고 질문해서 이해할 수 있게 된다.
- 상대방의 이야기를 잘 경청하는 습관을 몸에 익히기 위해 세일즈맨은 항상 집중하여 이야기를 잘 들을 수 있도록 노력해야 한다.

공감대 구축 기술

고객과의 대화에서는 공감대 구축이 중요하며, 이를 위해서는 다음과 같은 기술이나 노력이 필요하다.

- **적극적인 경청 :** 상대방을 존중하고 적극적으로 경청하는 자세를 보여줄 때 감정이입이 일어난다.

- **따뜻한 인간미** : 상대방을 향해 미소를 지으며 관심을 보인다.
- **상대에 대한 존경** : 마음으로부터 상대방을 존중하고 좋아하는 자세가 필요하다.
- **장애 요인의 제거** : 공감대 구축을 위해서는 장애 요인을 제거해야 한다. 물리적 장애 요인으로는 가구의 배열, 소음, 판매 보조기구의 부적절한 사용 등이 있으며, 심리적 장애 요인으로는 부적절한 유머, 인간적 증오, 너무 가까이 앉아서 대화하는 것 등이 있다.

대화 조정 기술

고객과의 대화를 의도된 방향으로 끌고 가기 위해서는 다음과 같은 기술들이 요구된다.

- 암시한다. 상대방에게 당신이 의도하고 있는 바를 암시함으로써 질문의 방향에 맞는 대답을 유도한다.
- 확인한다. 상대방이 이야기한 내용을 다시 확인시켜 줌으로써 두 사람 간의 대화가 잘 이루어지고 있음을 확인한다.
- 요약한다. 두 사람 간에 이야기된 사항을 요약함으로써 상호간의 이해와 합의를 확인한다.
- 기록한다. 기억력에 의존하기보다는 기록을 함으로써 상대방에게 보다 신뢰감을 줄 수 있다.
- 침묵한다. 눈빛과 음성, 그리고 온몸을 총동원하여 상대방의 대화를 경청하고 있음을 보여줌으로써 신뢰감과 대화의 의욕을 고

취시킬 수 있다. 또한 순간적인 침묵을 통해 대화의 방향을 다음 단계로 유도하고 진전시킬 수 있는데, 이는 상대방으로 하여금 보다 많은 이야기를 이끌어낼 수 있다.

감성적 대화의 기술

흔히 대화술 하면 막힘없이 말을 잘하는 사람을 떠올리게 된다. 그렇다면 진정으로 대화술에 능한 사람은 누구일까? 그것은 물론 누가 더 상대방과 의사소통을 잘하는가 하는 관점에서 보아야 할 것이다.

고객을 만나 제아무리 유창한 언어로 제안 설득을 했다 하더라도 그렇게 함으로써 오히려 상대방에게 강한 거부 반응만 불러일으켰다면 차라리 하지 않는 것만 못할 것이다. 사람은 누구나 서로 다른 가치관과 판단 기준을 가지고 있다. 자신의 입장에서 보면 절대적인 것이라도 상대방 입장에선 전혀 그렇지 않을 수도 있다. 또한 대화의 순간 서로 다른 감정 상태와 바이오리듬 때문에 대화의 주제와는 상관없는 감정 대립으로 치닫는 경우도 허다하다. 그렇기 때문에 대화술이 어려운 것이다.

진정한 대화란 마음과 마음이 서로 소통되어야 한다. 그러려면 먼저 공감대가 형성되지 않으면 안 된다. 공감대는 대화의 순간 서로가 무의식적으로 느끼게 되는 일종의 감정 상태이다.

이런 감정 상태는 대화에 임하는 당사자들의 마음가짐과 행동 여하에 따라 생겨날 수도 있고 생겨나지 않을 수도 있는 일종의 화학 작용과도 같은 것이다. 대화를 하면서 이런 공감대 형성을 잘 이루

어내려면 다음과 같은 다양한 감성 기술들(emotional skills)이 요구
된다.

- 선입견, 편견, 고정관념 등 비판적인 마음가짐을 버리고 일단 상
  대방의 이야기를 적극적으로 경청한다.
- 상대방과 감정의 흐름을 같이 한다.
- 대화의 내용, 표현 방법, 신체 언어, 대화의 속도 등 대화를 진행
  하는 모든 과정에서 상대방과 보조를 맞춘다.
- 적극적이고 긍정적인 반응을 보인다.

세일즈맨 유형에 따른 대화 방식

세일즈맨이 고객과 상담할 때 주로 상황 파악이나 정보 수집에 주
력하는 유형인가, 아니면 고객에게 무언가를 설명하거나 동의를 구
하는 데 주력하는 유형인가에 따라 대화 방식도 결정된다.

콜롬보 형사형

고객을 만나는 순간부터 시종일관 탐색과 질문에 치중하는 유형
이다. 이런 유형은 고객의 기분이나 당면 과제에 대해서는 주의와
관심을 기울이지 않고 오로지 자기 자신의 목적 달성을 위한 정보
수집에만 전력을 기울이기 때문에 고객과 공감대를 형성하거나 좋
은 인간관계를 만드는데 실패하는 경우가 많다.

약장수형

콜롬보 형사형과는 정반대다. 이들은 고객을 만나는 순간부터 취급하고 있는 제품과 서비스에 대한 특장점(FAB)들을 설명하는 데만 골몰하며 고객의 욕구나 구매 동기에 대해서는 관심이 없고 오로지 자기 자신이 취급하는 제품 자랑에만 주력한다. 고객과 공감대를 형성하고 고객의 당면 과제와 욕구를 파악한 다음에 제품 설명에 들어가야 하는 세일즈의 기본을 잘 모르고 있는 세일즈맨들이 빠지기 쉬운 유형이다.

방문자형

아직 세일즈의 기본기를 익히지 못한 초보 단계에서 나타나는 유형이다. 이들은 그야말로 기능적인 세일즈 활동을 수행하고 있는 것이다. 뚜렷한 목적의식이나 방문 목표도 없이 마치 지나가는 길에 잠시 들러 고객에게 인사를 하고, 주문을 주면 받고 그렇지 않으면 적당히 시간을 보내다 오는 유형이다. 방문자형의 세일즈맨이 많은 팀은 생산성이 낮을 수밖에 없다.

컨설턴트형

오늘날과 같은 세일즈 상황에 가장 이상적인 유형이라 할 수 있다. 잘 준비된 상태에서 먼저 세련된 매너와 화술, 그리고 예의 바르고 자신감 넘치는 행동으로 고객의 관심을 끌어들인다. 다음 단계로 효과적인 질문을 통하여 고객의 욕구와 당면 과제를 파악한다. 그리고 마지막 단계로 고객의 당면 과제에 대한 해결책을 제시한다. 컨설턴트 형은 만나는 모든 고객 한 사람 한 사람을 목적 그 자체로 보기 때문에 비록 똑같은 제품과 서비스를 팔지만 세일즈하는 과정과 방법을 각각 다르게 한다.

대화시 유의점

고객과 상담하거나 대화할 때 유의해야 할 점은 다음과 같다.

- 시선을 상대방의 얼굴에 맞춘다. 주위를 두리번거리거나 대화 중 창문 등 엉뚱한 곳을 뚫어져라 응시하는 것은 큰 실례가 된다.
- 팔짱을 끼거나 다리를 포개지 않는다. 거만하고 몰상식한 사람 이란 평을 들을 수 있다.
- 다리 떨기, 머리카락 만지기, 손 비비기, 손톱 깨물기, 몸 흔들기 등 좋지 않은 습관이 무의식적으로 노출되지 않도록 주의한다.
- 지나친 사투리, 비속어, 은어, 외래어 사용을 삼간다. 발음은 적 절한 속도로 분명하게 말하도록 한다.
- 말 가로채기, 양해 없이 화제를 바꾸는 것은 무례한 행위다.
- 상대방의 눈높이에 맞는 어휘들을 구사한다. 바른 경칭, 호칭의 선택이 그 첫걸음이며 상대가 쉽게 이해할 수 있는 용어를 사용 하는 것도 예의다.
- 상대의 말을 경청한다. 상대방의 말이 채 끝나기 전에 어떤 답을 할까 궁리하는 것은 좋지 않다. 주의가 분산되어 경청에 몰입하 기가 어려워진다.
- 대화 중 신체 사이즈, 염색이나 의치 사용, 수술 경험 등이나 급 여, 경제 상황, 부부 생활, 신체 약점에 대해 질문하는 것도 큰

실례다.

- 칭찬을 아끼지 않는다. 사람은 자신을 칭찬하는 사람을 칭찬하고 싶어한다. 누구든지 칭찬할 만한 점은 있게 마련이다. 그것을 발견해 진심어린 말로 용기를 북돋워 준다.

- 공감과 긍정을 표시한다. 가장 쉬운 방법은 상대방의 말을 그대로 반복하는 것이다. 또한 "요즘 사업하기가 너무 힘들어요."라는 말을 들으면 곧 "정말 힘이 드시겠군요." 하고 맞장구를 쳐준다. 사람은 자신의 희로애락에 공감하는 사람에게서 안정감과 친근감을 느낀다.

- 겸손은 최고의 미덕이다. 완벽해 보이는 사람에겐 거리감이 느껴지게 마련이므로 오히려 자신의 단점과 실패담을 앞세우는 것으로 더 많은 지지자를 얻을 수 있다.

- 인상적인 첫마디를 준비한다. 대화에도 준비가 필요하다. 첫 만남을 앞둔 시점이라면 어떤 말로 이야기를 풀어갈지 미리 생각해 둔다. 재치 있는 말이 떠오르지 않을 때는 신문, 잡지를 참고하거나 그날의 대화 주제와 관련된 옛 경험을 떠올려 본다. 사업상의 만남이라면 한두 가지라도 상대가 미처 생각하지 못하고 있을 법한 분야에 대한 지식을 쌓아두는 것이 큰 도움이 된다.

- 이성과 감성이 조화된 대화를 한다. 이견이 있거나 논쟁이 붙었을 때 무조건 따지고 드는 자세는 사태 해결에 도움이 되지 않는다. 또 일단 논쟁이 일단락된 다음에는 반드시 서로의 감정을 다독이는 과정을 밟는다. 논쟁 자체가 큰 의미가 없는 것일 땐 감정에 호소하는 말로 사태를 수습하는 것도 좋은 방법이다.

- 말을 얼버무리지 않는다. 얼버무리는 듯하면 자칫 무례하거나

건방지다는 느낌을 주게 되고 의사소통의 정확성에도 혼선을 가져온다. 바른 말로 이루어진 완전한 문장은 말하는 이의 품격을 높여준다.

- 미소 짓는다. 미소는 말이 아닌 몸으로 상대에 대한 호감을 표시하는 가장 효과적인 수단이며 상대방과의 만남을 꺼리지 않으며 오히려 기꺼이 받아들이고 있음을 나타낸다.

- 맞장구를 친다. 대화할 때 상대방을 보며 고개를 살짝 끄덕이는 행위는 상대방의 말을 주의 깊게 듣고 있으며 이해하고 공감한다는 표시이다. 반대로 고개를 좌우로 흔드는 행위는 강한 부정의 뜻을 담고 있으므로 주의해야 한다.

S·u·m·m·a·r·y

- 세일즈는 고객과 세일즈맨간의 설득력 있는 대화의 과정이다.

- 세일즈 대화는 크게 정보 수집, 정보 제공, 합의 도출 등 세 부분으로 구성되어 있다.

- 세일즈맨은 설득력 있는 대화술을 익혀야 한다. 대화술은 타고나는 것이 아니라 지속적인 실습과 자기 개발 노력에 의해 길러진다.

- 대화에서 가장 중요한 것은 눈높이를 맞추고 공감대를 형성하는 것이다.

- 고객으로부터 사랑받는 화술, 에티켓에 어긋나지 않는 화술, 설득력 있고 호소력 있는 화술을 구사하자.

세일즈 커뮤니케이션

　세일즈 활동이란 결국 고객의 욕구를 찾아내어 충족시켜 주기 위한 대화의 과정이라고 정의할 수 있다. 그런데 이러한 대화의 과정에서 고객의 심리구조를 이해하고 그 원리를 활용하는 것은 대단히 중요하고도 어려운 과제가 아닐 수 없다. 모든 인간은 이성의 동물인 동시에 감정의 동물이기도 하고 복잡다단한 내면세계를 가지고 있기 때문에 유능한 세일즈맨이 되려면 이런 복잡한 인간의 내면세계를 자신이 원하는 목적지까지 자유자재로 옮겨갈 수 있는 특별한 운전 면허증이 요구된다.

　이런 특별 면허증을 확보하려면 심리학과 행동 과학에 관련된 다음과 같은 몇 가지 이론들에 대한 이해와 성찰이 요구된다.

신경 언어 프로그램과 신체 언어

　고객의 몸짓이나 행동을 보면 지금 어떤 생각을 하고 있는지 판단할 수 있다는 이론이다. 예를 들면 상대방의 눈동자(pupils)가 갑자기 커질 때는 당신이 이야기하는 주제에 관심을 갖기 시작했다는 뜻이며 그와 반대로 졸리는 듯한 눈동자는 당신이 이야기하는 주재에 대해 관심이 없다는 뜻이다.

　이런 이론은 70년대 초 미국의 캘리포니아 대학의 언어학 교수인 존 그라인더(John Grinder)와 리처드 반들러(Richard Bandler)에 의해 처음으로 정립되었다. 그들의 연구 결과에 의하면 인간은 결국 두뇌 속에 어떠한 기억 소자들로 프로그램화 되어 있는가에 따라 행동 양식과 사고방식이 결정된다는 것이다. 이러한 행동 과학적 특성과 원리는 오늘날 심리 치료 분야를 비롯한 다양한 형태의 교육 훈련 분야에 폭넓게 활용되고 있다.

다음에 열거한 것처럼 신체 언어들과 관련된 다양한 지식과 정보들도 결국 이와 같은 신경 언어 프로그램(NLP) 이론에 토대를 두고 있다. 세일즈맨이 고객과 대화할 때는 고객의 언어적 표현뿐만 아니라 다음과 같은 신체적 언어(body language)들에도 주의를 기울일 필요가 있다. 왜냐하면 이런 신체적 언어들을 통하여 고객의 은밀한 내면세계를 보다 정확히 파악할 수 있기 때문이다.

- 주먹을 꽉 쥐고 위로 치켜드는 것은 위협을 느끼고 있다는 뜻이다.
- 어깨를 위로 치켜드는 것은 긴장하고 있다는 뜻이다.
- 고개를 좌우로 흔드는 것은 의심이 든다는 뜻이다.
- 손이나 손가락을 위로 치켜드는 것은 이야기하고 싶다는 뜻이다.
- 손가락을 입에 대는 것은 조용히 하자는 뜻이다.
- 양쪽 어깨를 앞쪽으로 밀면서 다가서는 것은 자신 있다는 뜻이다.
- 어깨와 가슴을 뒤로 젖히는 것은 자신감이 없다는 뜻이다.
- 한 손으로 코를 만지작거리는 것은 깊이 생각하고 있다는 뜻이다.
- 팔짱을 끼는 것은 아직 마음을 열지 않았다는 뜻이다.
- 두 손으로 턱을 괴는 것은 진지하게 생각하고 있다는 뜻이다.

그 밖에도 눈 맞춤(eye contact), 악수, 포옹과 같은 피부 접촉, 몸가짐, 신음소리, 제스처, 목소리나 억양 등 다양한 형태의 신체 언어들을 통하여 상대방의 생각을 읽을 수 있다. 유능한 프로 세일즈맨이 되려면 이와 같은 신체 언어를 신속하고 정확하게 읽고 적절하게 대처할 수 있어야 한다.

교류 분석

교류라는 것은 쌍방간 대화의 과정을 보다 동적인 관점에서 바라본다는 의미이다. 말하자면 대화(communication)를 어느 한쪽이 일방적으로 전달(delivery)하는 단순 행위가 아니라 쌍방간에 뭔가 심리작용이 일어나는 교감 과정(transaction)으로 보는 것이다.

교류 분석(Transaction Analysis) 이론을 창안한 에릭 번(Eric Berne)에 의하면 사람은 태어나면서부터 서로 다른 자아의 구조(ego profile)를 가지게 되며 이런 자아 구조가 인간의 커뮤니케이션 활동에 결정적인 영향을 미치게 된다는 것이다. 에릭 번은 인간의 자아는 다음과 같은 3가지 종류의 세부 파일로 구성되어 있으며 이런 3가지 파일 가운데 어떤 파일이 주도적으로 작동하고 있느냐에 따라 당사자의 사고방식과 행동 양식이 결정된다는 것이다.

에릭 번은 다양한 실험을 통해 3가지 파일 중 어른의 파일은 평생 동안 열려 있지만 부모의 파일과 아이의 파일은 유아기에 이미 형성이 끝나 버리기 때문에 후천적인 노력을 통해 바꾸기가 쉽지 않다는 결론을 내리고 있다. 이것은 세 살 버릇 여든 살까지 간다는 우리의 전통 속담과 일치하는 것이기도 하다.

• 부모(parent) 파일 : 이해하고 용서하고 포용하는 마음가짐과 행

동. 비판하고 명령하고 시정하려는 마음가짐과 행동

- 아이(child) 파일 : 순종하고 수용하는 마음가짐과 행동. 거부하고 도전하고 탐색하는 마음가짐과 행동
- 어른(adult) 파일 : 지식, 정보, 지혜 등 모든 객관적인 자료들

유능한 세일즈맨이 되려면 매 순간 고객이 어떤 종류의 자아 파일을 작동시키고 있는지를 파악하여 대처할 수 있는 직관력과 순발력이 필요하다.

교류 분석 이론에 따르면 고객과 세일즈맨 간에 이루어지는 모든 대화는 다음과 같은 3가지 형태로 구분할 수 있다고 한다. 이들 가운데서 성공적인 세일즈 성과를 위해서는 물론 평행적인 교류 형태가 가장 이상적이다. 그러므로 세일즈맨들은 고객과의 접점의 순간(MOT)에 이런 평행적인 교류가 활발히 일어날 수 있도록 노력하지 않으면 안 된다.

평행적 교류(Parallel Transaction)
서로 공감하고 수긍하는 교류 형태이다.

고객 : 귀사는 가격이 너무 비싼 것 같습니다.

세일즈맨 : 예, 고객의 입장에서는 가격 문제도 매우 중요할 것입니다.

고객 : 그야 너무 당연한 이야기 아닙니까?

세일즈맨 : 무슨 말씀이신지 알겠습니다. 최대한 노력해 보겠습니다.

교차적 교류(Crossed Transaction)
상호 대립과 갈등을 불러일으키는 교류 형태이다.

고객 : 귀사의 납기는 너무 늦습니다.
세일즈맨 : 저희 제품이 인기가 워낙 좋아서 그렇습니다.

은폐된 교류(Concealed Transaction)
무엇인가를 감추고 공개하지 않는 교류 형태이다.

고객 : 얼굴 뵙기가 무척 힘드네요(그렇게 무성의하게 하면 곤란하다는
　경고의 의미를 감추고 있음).
세일즈맨 : 좀더 시간을 두고 천천히 검토해 보죠(제안 내용이 별로 매력
　적이지 못하다는 의미를 감추고 있음).

감성 지능

인간의 모든 행동과 사고는 두뇌 활동과 긴밀하게 관련되어 있다.
세일즈맨이 고객에게 세일즈 활동을 펼치는 과정도 예외가 아니다.
그렇다면 지능지수(IQ)가 높은 사람은 모두 세일즈 활동을 잘할 수
있을까?
이에 대해서는 전적으로 그렇다고 답할 수 없다. 왜냐하면 세일즈
활동은 사물을 분석하고 기억하는 지능지수(IQ)보다는 사람을 파악
하고 공감대를 구축하는 감성지수(EQ)와 더욱 밀접하게 관련되어
있기 때문이다. 미래학자들은 21세기에는 모든 분야에서 감성이 지

배하는 시대가 될 것으로 예측하고 있다. 이런 현상은 그간 합리주의와 과학 지상주의로 치달은 결과 나타난 물질만능주의에 대한 일종의 반작용으로 어쩌면 당연한 귀결인지 모른다.

과거에는 빠른 두뇌 회전과 예리한 판단력, 그리고 어려운 난관을 돌파하는 극기력만 있으면 누구나 위대한 세일즈맨이 될 수 있었다. 그러나 이제는 이런 자질 외에도 다루기 힘든 다양한 유형의 고객들을 만나 감성의 세계에서 자유자재로 교감할 수 있는 감성 지능이 추가로 요구되고 있는 것이다.

1990년대 초 미국 하버드 대학교 다니엘 골만(Daniel Goleman) 교수는 지능지수(IQ)에 대비되는 개념으로 감성지수(EQ)라는 개념을 발표하여 전 세계적으로 관심을 끈 바 있다. 한때 국내에서도 영·유아용 교재를 비롯하여 성인용 교육 프로그램에 이르기까지 EQ라는 말이 선호되던 시절이 있었다. 다니엘 골만은 하버드 의대를 포함하여 미국 전역의 초·중·고등학생들을 대상으로 상당 기간 실제 임상 실험을 통해 인간의 감성지능(Emotional Intelligence)과 사회 적응도 사이의 상관관계를 집중적으로 조사했다.

조사 결과 그는 대부분의 학생들의 경우 졸업 후 각 분야에서 두각을 나타내는 것과 재학 시 학업 성적은 오히려 반비례한다는 사실을 발견하고 그 이유를 본격적으로 규명하는 데 모든 연구의 초점을 맞추었다.

다니엘 골만은 성공적인 사회생활을 위해 인간에게 진정으로 필요한 것은 높은 지능지수보다 풍부한 감성 지능이라는 결론을 얻었다. 그는 감성 지능을 평가하는 기준으로 다음과 같은 5가지 요소를 제시했다. 이 요소들은 세일즈맨이 고객을 만나 대화를 할 때 반드시 고려되어야 할 사항들이기도 하다.

- 자신의 감정 상태의 흐름을 파악할 수 있다. 감성 지능이 높은 사람은 자신의 성격적 특성이나 장단점을 잘 파악해 대처한다.
- 자신의 감정 상태를 관리할 수 있다. 감성 지능이 높은 사람은 희로애락의 순간에 자기 절제와 극기 능력을 나타낸다.
- 스스로에게 동기부여를 할 수 있다. 감성 지능이 높은 사람은 심한 스트레스나 정신적 공황 상태에 빠졌을 때 긍정적이고 적극적인 사고를 통해 쉽게 재기할 수 있다.
- 상대방의 감정 상태를 파악할 수 있다. 감성 지능이 높은 사람은 상대방의 감정 상태와 사고의 흐름을 보다 정확히 파악하여 대처할 수 있다.
- 상대방과 쉽게 친해질 수 있다. 감성 지능이 높은 사람은 낯선 사람을 대하더라도 쉽게 친숙해지는 커뮤니케이션 기술이나 인간적 매력을 갖고 있다.

지금까지 대부분의 국내 교육 프로그램들은 무언가를 이해하고 암기하는 소위 왼쪽 두뇌 개발에 초점을 맞추고 있었다. 그러나 앞으로는 인간의 창의력 향상과, 더불어 사는 좋은 습관 형성에 직접적으로 관련되어 있는 감성 지능들을 개발하는 교육 프로그램들이 더욱 활성화될 것이다.

S·u·m·m·a·r·y

- 세일즈 성과는 세일즈맨의 커뮤니케이션 능력에 비례한다.

- 세일즈 커뮤니케이션은 정보와 감정이 쌍방으로 교류하는 특징이 있다.

- 얼굴 표정, 몸가짐 등을 통하여 상대방의 의도와 생각을 읽어내는 능력이 매우 중요하다.

- 세일즈 커뮤니케이션은 세일즈맨의 감성 지능과 기술에 깊숙이 관련되어 있다.

- 세일즈 커뮤니케이션 기술은 결국 세일즈맨의 두뇌개발과 관련되어 있다.

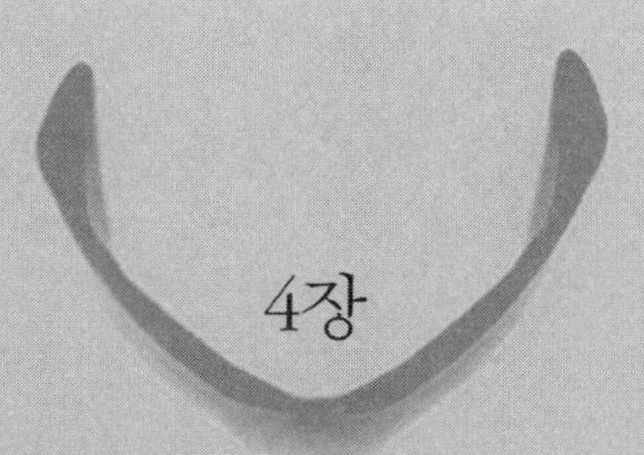

4장

BENEFITS SELLING
이점 판매와 제안 설득

특성이 아니라 이점을 팔아라

공급이 수요를 창출해 낸다는 세이의 법칙(Say's Law)이 지배하는 세일즈 환경에서는 고객들은 구매 결정 과정에서 그다지 주도권을 갖지 못한다. 이런 세일즈 환경에서는 세일즈맨들도 그들이 취급하는 제품과 서비스가 고객들에게 가져다줄 이점이나 가치에 대해서 그다지 관심이 없다. 그들은 오직 자신들의 제품과 서비스의 특성이나 기능들에만 관심을 갖는다.

이런 세일즈맨들은 고객을 만나면 고객의 욕구와 당면 과제에 대해서는 아랑곳하지 않고 오로지 그들 제품의 특성과 자랑거리만 시종일관 떠들어댄다. 그러나 모든 분야에서 공급이 수요를 앞지르는 오늘날과 같은 세일즈 환경에서는 더 이상 이와 같은 자기 중심적 세일즈 활동은 통하지 않게 되어 있다.

고객들은 이제 제품이나 서비스의 특성이나 장점 그 자체를 구매하는 것이 아니라 그것들이 가져다주는 이점과 혜택을 구매하기 때문이다. 말하자면 고객들은 오로지 그들의 욕구와 당면 과제 해결에 도움을 줄 수 있는 특징들에만 관심을 갖는다.

볼펜을 예로 든다면, 볼펜을 구성하고 있는 소재나 디자인 기능 등과 관련된 객관적인 사실들은 모두 특성에 해당된다. 이를테면 종이 번짐 현상을 막아주는 잉크를 사용했다든지, 재생 가능한 플라스틱 원료를 사용했다는 것은 모두 특성에 대한 이야기이다. 그러나 종이 번짐 현상이 없기 때문에 귀사의 설계사들이 도면을 그리는 데 적합할 것이다, 또는 재생 가능한 플라스틱 원료만을 사용했기 때문에 환경 보호를 위한 귀사의 경영 방침에도 부합한다는 등의 설명은 그런 볼펜을 구매함으로써 얻을 수 있는 이점에 대해 설명하고 있는 것이다.

세일즈의 역사를 되돌아보면 흔히 현대적 의미의 세일즈 발상지라고 일컫는 미국에서도 세일즈맨들이 고객을 만나 자신이 판매하는 제품의 특성을 일방적으로 떠들어대던 형태를 지양하고 그런 특성들이 고객에게 가져다줄 수 있는 이점들을 중심으로 활동을 펼치고 있는데 그다지 오래된 일은 아니다.

20세기 초 그 자신이 세일즈맨이기도 했던 미국의 존 피터슨(John Peterson)은 그간의 경험을 토대로 금전등록기 회사인 NCR을 창업하게 된다. 늘어나는 수요를 감당하기 위해 그는 대규모로 세일즈맨들을 고용하게 되는데, 당시로서는 첨단 제품이라 할 수 있는 금전등록기 판매를 위해 체계적인 세일즈 교육이 필요하다고 판단했다. 그는 사내에 NCR 세일즈 아카데미를 개원했는데 당시로서는 경이적인 발상이라 할 수 있었다. 그는 이 과정을 통해 세일즈맨으로서 갖추어야 할 정신 자세는 물론 금전등록기의 기종별 특장점들을 체계적으로 교육했다. 그 결과 NCR의 매출과 명성은 비약적으로 성장했으며 한때 유럽과 남미, 아시아에 이르기까지 영업망을 확장하여 역사상 최초의 다국적 기업으로 평가 받는 계기가 되기도 했다.

세일즈와 마케팅이 인간 심리와 행동 과학을 토대로 자본주의 성장과 발전에 크게 기여할 수 있게 된 것도 따지고 보면 19세기 후반부터 미국을 중심으로 나타나기 시작한 세일즈 전문가들의 연구와 저술 활동에 힘입은 바 크다. 존 피터슨도 이런 사람들 가운데 한 명이라고 할 수 있다.

고객 맞춤형 이점 판매

같은 제품을 구매하는 경우라 하더라도 고객에 따라 추구하는 이점과 가치는 서로 다르게 나타날 수 있다. 그러므로 유능한 세일즈맨이 되려면 고객들이 추구하는 가치에 따라 서로 다른 맞춤식 이점 판매를 할 수 있어야 한다.

예를 들어 볼펜을 판매하는 세일즈맨의 경우, 대기업 총무과에 납품하고자 하는 경우에는 경제성과 품질 등 합리적 구매동기에 초점을 맞추어야 할 것이다. 그러나 디자인 감각을 소중하게 생각하는 패션 회사에 판매하고자 하는 경우에는 디자인 감각과 색상 측면에서의 우수성에 초점을 맞추어야 한다. 비록 똑같은 제품이지만 고객이 추구하는 가치에 따라 제안 설득 내용을 다르게 하는 이런 세일즈 활동을 우리는 맞춤식 이점 세일즈(customized benefits selling)라 부른다.

지난날의 세일즈 활동이 고객들의 욕구나 추구하는 가치와는 상관없이 제품이나 서비스의 특성들을 천편일률적으로 전달하는 것이었다면, 오늘날의 세일즈는 고객의 당면 과제와 추구하는 가치에 따라 차별화된 이점들을 제안 설득하는 창의적인 컨설팅 활동으로 발전하고 있다.

이제 유능한 세일즈맨이 되려면 지난날의 잘못된 고정관념에서 과감히 탈피해야 하며, 자기중심적이고 기능적인 세일즈 활동을 청산하고 고객 가치 창조를 위한 이점 세일즈(benefits sales) 활동으로 전환해야 한다.

이점 판매와 구매 동기

이점을 판매하는 세일즈 활동에서는 고객의 욕구와 구매 동기를 정확히 파악하는 것이 핵심이다. '인간은 욕망이란 이름의 전차' 라는 말이 있다. 욕망과 욕구는 인간의 결단과 행동을 위한 원동력이자 에너지가 된다. 구매 동기란 고객들로 하여금 이런 욕구들을 토대로 어떠한 구매를 결정하도록 유도하고 자극하는 심리적 동인을 말한다.

이를테면 자동차를 구매하는 고객들은 결국 수많은 차종 중에서 특정 차를 선택하게 되는데 이 경우 어떤 심리적 작용이 일어나게 되는지 살펴볼 필요가 있다.

만약 자동차를 판매하는 세일즈맨이 자신이 만나고 있는 모든 고객들의 마음속을 훤히 들여다볼 수만 있다면 그들에게 자동차를 팔 수 있는 확률을 획기적으로 높일 수 있을 것이다. 이처럼 유능한 세일즈맨이 되려면 고객의 심리 상태와 구매 동기를 효과적으로 파악할 수 있는 능력을 갖추어야 한다.

구매 동기의 이해

고객이 세일즈맨의 제안 설득을 통해 당면 과제와 자신의 욕구가 충족됨을 느낄 때, 우리는 이런 현상을 고객의 구매동기가 충족되는 과정이라고 설명할 수 있다. 물론 이런 동인은 물건을 구매하는 고객의 내면적 욕구나 심리 상태에 따라 다양한 형태로 나타날 수 있다.

개인에 따라 매우 합리적이고 이성적인 구매 동기를 갖고 있을 수도 있고, 감정적이고 감성적인 구매 동기를 갖고 있을 수도 있다. 특히 기업의 구매 부서에서 일을 하는 사람이나 특정 구매 프로젝트에 참여하는 고객들의 경우 한층 더 복잡한 구매 동기를 가지고 있는 것이 보통이다. 이런 구매 욕구는 개인적 자아(ego)와 가치관 그리고 두뇌 속에 저장되어 있는 기억 소자와 감정 상태 등 다양한 요소들에 의해 수시로 다르게 나타날 수도 있다.

경우에 따라서는 똑같은 고객이라 하더라도 때와 장소, 본인의 감정 상태에 따라 서로 다른 구매 동기가 나타날 수 있고 때로는 일시적으로 왜곡되어 나타날 수도 있다. 세일즈맨에게 있어서 고객의 구매 욕구는 가치 판단이나 선택의 대상이 아니라 최선을 다해 충족시켜야 할 과제이다. 고객의 구매 욕구를 충족시키는 일이 바로 고객의 당면 과제를 해결해 주는 것이기 때문이다. 서로의 공감대를 형성하고 능숙한 질문을 통하여 내면세계에 잠자고 있는 구매 욕구를 효과적으로 끄집어내려면 고도의 창의력과 대화의 기술이 요구된다.

예를 들어 자동차를 구매하는 고객은 대개 다음과 같은 욕구들 중에서 자신과 관련되는 것들에 대해 세일즈맨으로부터 구매 동기가 충족될 때 구매 결정을 내리게 된다.

- 고급 외제차를 갖고 싶다.
- 특정 브랜드의 차를 갖고 싶다.
- 주차에 편리한 소형차를 갖고 싶다.
- 연비가 적게 들어가는 경제적인 차를 갖고 싶다.

- 실내 공간이 큰 차를 갖고 싶다.
- 승차감이 좋은 차를 갖고 싶다.
- 디자인 감각이 뛰어난 차를 갖고 싶다.
- 비포장 시골 도로에 적합한 차를 갖고 싶다.
- 중고차 값을 제대로 받을 수 있는 차를 갖고 싶다.

구매 동기의 유형

고객의 구매 욕구를 충족시켜 주는 구매 동기(buying motivator)들을 보면, 어떤 것들은 합리적이며 이성적이고 업무 지향적인가 하면, 또 어떤 것들은 대단히 감성적이고 비합리적이며 개인 지향적인 것들로 구성되어 있음을 알 수 있다.

물론 이런 것들은 고객의 개인별 가치관과 성격, 생활환경 등 다양한 요소들에 의해 결정된다. 바로 이런 이유 때문에 유능한 세일즈맨이 되려면 인간의 심리와 행동 과학에 대해서도 많은 이해와 지식이 요구된다. 다음 도표는 일반적으로 고객들이 구매를 결정할 때 고려하게 되는 구매 동기들을 정리한 것이다.

성공하는 세일즈맨이 되려면 고객에게 무조건 제품의 자랑거리만 늘어놓을 것이 아니라 고객이 그 제품을 사야 하는 구매 동기를 정확히 파악해야 한다. 구매 욕구와 동기는 고객에 따라 각기 다르게 나타나기 때문에 어떠한 속단이나 추측은 금물이며 다음에 열거된 사항들을 감안하여 체계적으로 파악해야 한다.

- 고객이 추구하는 가치와 욕구에는 합리적이고 이성적인 것도 있

합리적(이성적)		감정적(감성적)	
업 무 적	경제적 소득	개 인 적	즐거움
	경제적 절약		브랜드충성도
	효용성		자기 만족
	안전성		질투심
	보장성		두려움
	필요		욕망

지만 감성적이고 비이성적인 것도 있다.

- 고객의 구매 욕구에는 현재화된 욕구도 있지만 아직 미확인된 잠재 욕구도 있다.
- 잠재 욕구의 단계에서는 고객의 심리가 대체로 소극적이고 수동적이지만 현재화된 욕구의 단계에서는 보다 적극적이고 능동적으로 변한다.
- 현재화된 구매 욕구가 구매 의사로 발전하려면 구매 동기가 충족되어야 한다.

감성적 구매 동기

지난날과 같은 공급자 중심의 세일즈 상황에서는 제품의 품질이나 가격, 납기, 결제 조건 등 합리적이고 업무 지향적인 구매 동기 요인들이 구매 결정 과정에서 결정적인 역할을 했다. 그러나 오늘날과 같은 구매자 중심의 시장에서는 더 이상 이런 것들이 결정적인 역할을 할 수 없게 되었다. 왜냐하면 이런 것들은 이미 공급업체들 간에 평준화가 이루어졌을 뿐만 아니라 고객들은 이제 무언가 새로운 것들을 원하고 있기 때문이다.

예를 들면 브랜드의 이미지나 미적 감각, 차별화된 고객 서비스와 같은 지극히 감성적이고 감정적인 구매 동기가 중요한 요소로 대두되고 있다.

우리의 생활환경도 서서히 지식정보 사회에서 감성을 중시하는 꿈의 사회(dream society)로 변화되어 가고 있다. 이런 상황에서 앞으로 유능한 세일즈맨이 되려면 풍부한 감성 지능과 기술들을 갖추고 있지 않으면 안 된다. 감성 지능과 감성 기술은 주로 인간의 오른쪽 두뇌와 관련되어 있다.

구매 결정권자별 구매 동기

기업체나 기관을 대상으로 대형 프로젝트를 추진하는 세일즈 활동에서는 다음과 같은 다양한 의사 결정권자들이 동시에 구매 업무에 관여하게 된다. 이럴 때는 의사 결정권자의 개인별 구매 욕구와 동기를 정확히 파악해야 한다. 똑같은 구매 대상을 놓고도 당사자의 역할과 책임에 따라 구매 욕구와 동기는 서로 다르게 나타날 수 있기 때문이다.

최종 결정권자

역할 : 최종 구매 결정을 내리며(예 : CEO, 이사진, 구매위원회 등) 회사의 자금을 관리한다.

관심사항 : 구매가 회사 경영이나 수익에 미치는 영향
'이런 투자를 함으로써 얻을 수 있는 이득은 무엇인가?'

사용자 측면의 구매자

역할 : 작업 효율에 대한 판단을 내리며 공급사의 제품이나 서비스를 실제로 활용한다.

관심사항 : 작업의 용이성. '내가 하는 일에 도움이 될 것인가?'

기술적 측면의 구매자

역할 : 공급 회사의 제안서를 검토하고 제품을 추천한다. 최종 승인권은 없지만 의견을 말할 수는 있다.

관심사항 : 제품의 적합성. '실제 업무에 적합한가?'

코치

역할 : 판매의 가이드 역할을 할 수 있으며 구매의 영향 등에 대해 정보를 제공할 수 있다.

관심사항 : 세일즈맨의 제안이 받아들여지게 하는 것. '이 거래를 어떻게 성사시킬 수 있을까?'

고객 유형별 구매 성향

사람은 자기가 살아온 생활환경에 따라 각기 다른 성격과 성품을 갖게 된다. 유능한 세일즈맨이 되려면 이런 다양한 유형의 고객들에 대해 효과적으로 대처할 수 있는 능력을 갖추어야 한다. 이를 위해

지금까지 에고 분석(ego profile analysis), DISC 유형 분석, MBTI 유형 분석 등 다양한 분석 도구들이 개발되었다. 그러나 그 내용을 들여다보면 모두가 대동소이하다. 그 핵심은 고객의 유형을 결정하는 4가지 요소(외향적인가, 내향적인가, 지배적인가, 순종적인가)들인데 이를 조합하여 다음과 같은 4가지 부류로 분류하고 그에 맞는 대응책을 수립하면 좋을 것이다.

1. 현상고수형(내향적, 순종적)

변화와 도전을 싫어한다. 안전성에 대한 욕구가 강하다.

〈대응 전략〉

• 새롭고 혁신적인 제안은 삼가고 가급적 기존의 관례와 규정을 엄수한다.
• 고객의 안전성에 대한 욕구에 반하는 행동은 하지 않는다.

2. 관계형(외향적, 순종적)

인간관계를 중시한다. 의리를 중시한다.

〈대응 전략〉

• 인간적으로 접근하고 교류한다. 지속적으로 접촉한다.

3. 지배형(내향적, 지배적)

남을 지배하기를 좋아한다. 명예욕과 인정받고 싶은 욕구가 강하고 이기적이다.

〈대응 전략〉

• 고객의 권위와 자존심을 건드리지 않는다. 질문을 많이 하고 적
  극적으로 경청한다.

4. 성취형(외향적, 지배적)

업무 지향적이며 성취 지향적이다. 인정이나 감정에 쉽게 좌우되
지 않는다.

〈대응 전략〉

• 고객의 당면 과제 파악과 해결에 주력한다. 업무 지향적인 활동
  에 주력한다.

사례 연구

각자가 사례 속의 세일즈맨이라고 가정하고 고객인 박명호 이사를
만나 구매 욕구를 파악해 보자.

답안지를 미리 보지 말고 고객인 박명호 이사의 구매 욕구에 관해
주어진 양식에 따라 작성해 보자(30분). 정만식 주임과 김갑석 사장의
구매 욕구에 대해서도 작성해 보기 바란다.

상황

어제 당신은 일간지에서 최근 벤처업계에서 이름을 떨치고 있는
COMPUTEK에 도둑이 들어 회사의 핵심 기술 일부가 외부에 누출되었

다는 기사를 읽었다. 그 기사에 의하면 도둑은 전자감지기를 간단하게 제거해 버리고 사무실에 있는 각종 컴퓨터와 사무기기들을 훔쳐갔다고 한다. 최근에 이 지역에 비슷한 사건이 자주 발생하여 관할 경찰서에서는 관내에 있는 회사들 앞으로 공문을 보내 기존에 설치되어 있는 낡은 감지기가 정상적으로 작동하고 있는지 점검해 보도록 독려한 바 있다.

당신은 이런 절호의 기회를 놓치지 않고 세일즈 기회를 포착하기 위해 오늘 오전 COMPUTEK을 방문하여 관련자들로부터 다음과 같은 정보를 입수했다.

COMPUTEK에 대한 정보

COMPUTEK은 정밀 계측기 전문업체로서 설립 연도는 짧지만 미국, 영국, 일본 등 선진국으로부터 기술을 도입하여 국산화하는 데 성공하여 2년 전에는 유망 벤처기업으로 선정된 바 있다. 회사는 지금까지 주로 수입에만 의존해 오던 계측 장비들을 국내에서 생산하여 저렴한 가격으로 국내업계에 공급할 뿐만 아니라 신속하고 정확한 A/S체계를 갖추어 고객으로부터 좋은 반응을 얻고 있다.

COMPUTEK은 그동안 지속적인 사세 확장에 따라 급속하게 늘어나는 인력과 설비를 수용할 수 있는 공간이 부족하여 어려움을 겪고 있었다. 이 문제를 책임지고 해결해야 할 관리담당 임원인 박명호 이사는 최근 깊은 고민에 빠져 있다. 1997년 회사가 출범할 당시에는 10명 내외의 소수 인원이었기 때문에 다소 낡고 지저분한 단층 슬래브 건물이었지만, 충분한 조립 라인 공간과 사무실 공간뿐만 아니라 다소 여유 있는 주차 공간도 확보할 수 있었다.

부족한 주차 공간을 확보하기 위해 궁여지책으로 2년 전 구청으로부터 증축 허가를 받아 고도 제한 한도인 2층으로 증·개축을 실시하여 1층에 있던 개발실, 임원실, 회의실 등을 2층으로 옮기고 1층 전 공간을 생산라인으로 활용하여 생산 규모를 2배 이상 확장한 바 있다. 최근에는 모자라는 공간을 조금이라도 더 늘이기 위해 궁여지책으로 주차장 한쪽에 컨테이너 박스를 연결하여 자재 창고로 활용하고 있는 실정이다.

최근 박 이사는 타사에 비해 직원들의 자가용 출퇴근 비율이 너무 높다고 주장하면서 현재의 주차장 부지를 축소하여 그 자리에 업무용 컨테이너를 추가로 들여놓겠다는 안을 발표하여 직원들로부터 심한 반발에 부딪히고 있다. 최근 이 일로 사내 분위기가 다소 심각한 국면으로 접어들자 이 회사의 사장도 간부회의 석상에서 이 문제를 근본적으로 해결하기 위해 공장 이전의 필요성을 정식으로 언급한 바 있다.

설상가상으로 지난 주말에는 회사에 도둑이 들어 건물 입구에 설치된 전자 감지기를 감쪽같이 제거하고 회사의 중요 정보와 자료들이 들어 있는 컴퓨터 장비와 고가의 사무 장비들을 훔쳐간 사건이 발생한 것이다. 이 일로 COMPUTEK은 회사 경영에 필요한 핵심 정보와 자료들을 도난당하여 치명적인 피해를 입게 되었으며 이를 경찰에 신고했지만 경찰은 오히려 COMPUTEK이 지능적인 절도범들에게는 전혀 쓸모없는 재래식 전자감지기를 진작 고성능 열감지기로 교체하지 않은 이유를 도저히 납득할 수 없다는 입장을 취하고 있다.

박명호 이사에 대한 정보

박명호 이사는 사정이 다소 딱한 사람이다. 그는 현재 52세로 2년 뒤인 54세에 은퇴해야만 좋은 조건의 퇴직금을 받을 수 있는데 이 회사 사장은 그를 그때까지 일할 수 있도록 내버려둘 것 같지 않다. 그는 이 회사 창업 초기에서부터 사장인 김갑석 사장에 의해 스카우트되어 현재 위치에 이르기까지 천천히 한 단계씩 올라온 인물이다.

매사에 꼼꼼하다고 정평이 나 있으며 새로운 변화는 쉽게 받아들이려고 하지 않는 다소 보수적인 성격이다. 그는 중요한 결정은 가급적 혼자서 내리기를 기피하는 성향이 있으며 사장이 지시하는 일에 대해서만은 틀림없이 하는 편이다. 실제로는 겁 많은 성격이지만 엄격하고 차가워 보이는 외모 때문에 대부분의 직원들이 가장 두려워하는 대상이기도 한 그는 자주 사람들을 기다리게 만들거나 시비를 걸어 업무 추진을 더디게 만드는 경향이 강하다. 하지만 이번 감지기 구매 결정에 관련된 결단은 가급적 신속하고 정확하게 내려야 하는 상황이다.

[정만식 주임에 대한 정보]

정만식 주임은 28세로 학력은 중졸이지만 회사 설립 당시부터 현재까지 공장의 설비와 건물에 관련된 수리 업무를 해오고 있다. 그는 회사가 필요로 하는 부품이나 장비들에 대해 깊은 지식을 갖고 있으며 서울의 어느 골목에 가면 좋은 제품을 싸게 잘 살 수 있는지 훤하게 알고 있다. 그는 직설적이며 때로는 김갑석 사장 앞에서까지도 모든 일을 거리낌 없이 이야기해 버려서 박명호 이사의 비위에 거슬리는 경우가 많다.

그러나 그는 긴급한 일이 발생할 때 필요한 조치들을 저렴한 경비로 적절히 해결해 내는 탁월한 능력이 있고 공장의 유지, 관리, 수리 분야에 관한 한 그에게 의존해 오고 있기 때문에 박명호 이사는 불편한 심기를 마음속에 감추며 견디고 있다. 아무튼 이런 배경에 힘입어 정만식 주임은 회사에서 실력을 서서히 인정받고 있다.

　김갑석 사장에 대한 정보

　김갑석 사장은 42세로 그가 벌이는 사업은 예외 없이 성공을 거두는, 약간 터프하고 건방진 인상의 사업가이다. 그는 매우 활동적이고 사교적이어서 중요한 거래 선이나 고객들과는 함께 골프를 치거나 고급 레스토랑에서 만나 사업상의 섭외와 정보를 교환하고 있다. 그는 또한 뛰어난 지력의 소유자로 너무 자세하고 지루한 이야기는 듣기 싫어한다. 또한 주인이 개를 키우는 것은 주인을 위해 짖어주기 때문이라는 말을 자주하며, 작은 일에는 참견하지 않고 큰일에는 반드시 직접 나서서 일을 성공적으로 처리하곤 한다.

　그는 최근 회사에 도둑이 침입한 사건에 대해 격노하며 박명호 이사를 불러 이번 일은 감지기를 제대로 점검하지 못했기 때문이며 전적으로 박 이사의 책임임을 강조하면서 단시일 내에 감지기를 새로 설치하라는 엄명을 내렸다.

　이상의 정보를 토대로 파악한 박명호 이사의 구매 욕구를 아래 양식에 따라 적어보기 바란다.

박명호 이사의 구매 욕구

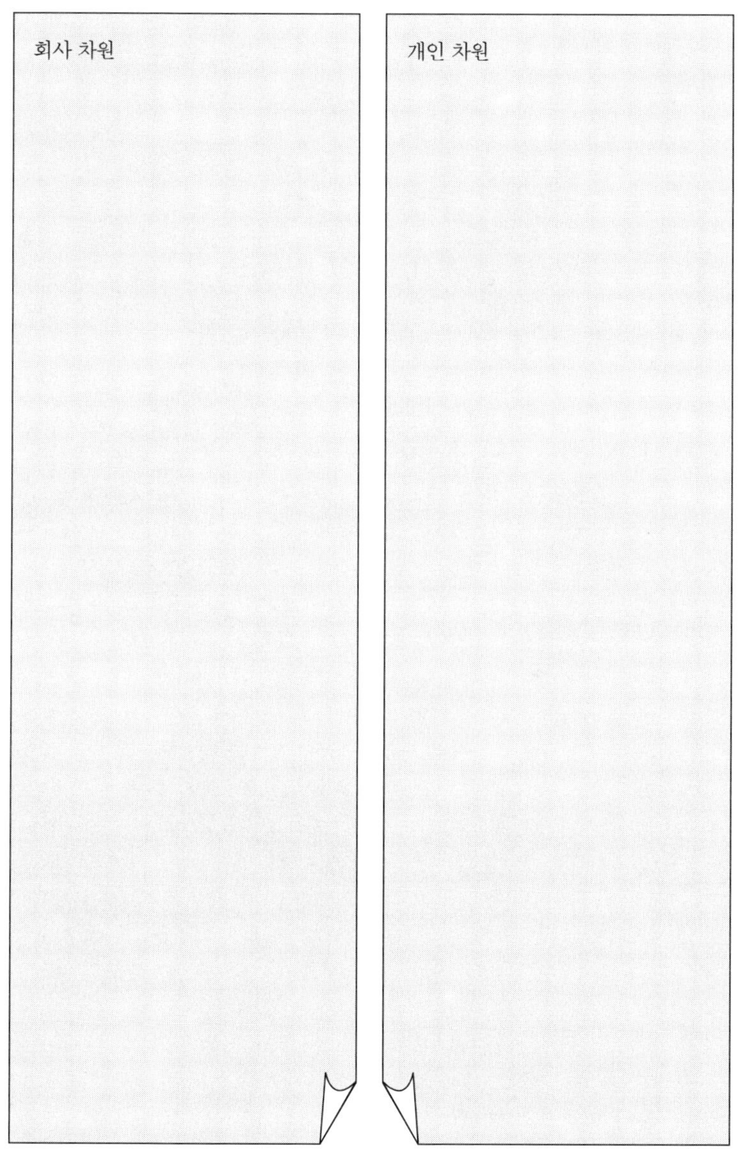

회사 차원

- 사무장비, 공장 시설, 자재 등 회사 재산의 보호
- 기술 개발실의 기술 관련 자료와 특수 장비의 보호
- 관할 파출소의 권고에 따름.
- 신속한 문제 해결
- 예산 문제
- 설치 현장의 주변까지 광범위하게 감시할 수 있는지 여부
- 공사 기간 중 생산이나 다른 업무에 많은 지장을 주지 않아야 함.
- 회사를 현 위치에서 확장하거나 다른 곳으로 이전하더라도 새 시스템을 계속 사용할 수 있어야 함.
- 사장 결제 시 제시할 합리적인 자료와 근거가 필요함.
- 효율적인 A/S체계 수립
- 이 시스템의 우수성에 대해 객관적인 증명과 확인
- 설치 공사에서 발생할 수 있는 문제 검토

개인 차원

- 마음의 평화를 누리고 싶다.
- 새 시스템을 설치할 경우 최근에 새로 공사한 실내장치를 바꾸지 않아도 되는가? (이번에 새로 공사한 실내장식에 대해 개인적으로 만족과 애착을 느끼고 있다.)
- 사장이 개인적으로 그 시스템을 좋아할 것인가?
- 이 공사로 일과 후에도 회사에 늦게까지 머물러 있어야 하지는 않는가?
- 이번 기회를 통해 문제가 된 기존 시스템 때문에 실추된 신뢰도를 높이고 싶다.
- 새 시스템에 대한 확고한 신뢰를 가질 수 있는가?(그는 항상 새로운 변화를 싫어하고 저항한다.)
- 시스템 설치와 관리가 용이하고 간편하며 자신이 직접 지휘 감독하지 않아도 되겠는가?
- 작동 불량으로 한밤중에 오발 경보음이 나지 않아야 한다.
- 전체적인 모양이 현대적인가?
- 경쟁업체로부터는 사고 싶지 않다.
- 새 시스템으로 갖춘 후 관할 파출소에도 체면을 살리고 싶다.

독자에 따라서는 고객인 박명호 이사에 대한 위와 같은 지나치리
만큼 자세한 욕구 분석에 대해 다소 거부 반응을 가질 수도 있을 것이
다. 물론 박명호 이사는 여기에 열거된 욕구들을 모두 머리 속에
정리해 두고 있지는 않을 것이다. 그러나 적어도 그의 무의식의 세
계 어느 곳엔가는 도사리고 있을지 모르는 것들이다. 누가 그의 이
런 욕구들을 보다 더 신속하고 정확하게 파악하여 효과적으로 대처
하느냐에 따라 이번 상담의 성패가 좌우될 것이다.

S·u·m·m·a·r·y

- 고객들은 제품의 특성이나 기능을 사는 것이 아니라 그들에게 최종적
  으로 가져다주는 이점과 혜택을 사는 것이다.
- 제안 설득을 할 때는 고객의 욕구와 구매 동기에 초점을 맞추어야 한다.
- 고객의 구매 동기와 당면과제에는 합리적인 것들도 있지만 감정적이고
  감성적인 것들도 있다.
- 합리적인 업무상의 구매 동기 못지않게 개인적이고 감성적인 구매 동
  기도 충분히 고려되어야 한다.
- 업체간 제품 및 서비스 경쟁력의 차별성이 없어질수록 세일즈맨들의
  세일즈 능력 차별화 전략이 중요해진다.

오퍼 분석과 제안 설득

오퍼 분석(offer analysis)이란 고객들에게 보다 설득력 있는 제안 설득이 가능하도록 제안할 제품이나 내용을 분석하고 파악하여 고객 설득 화법을 개발하는 과정을 말한다. 오퍼 분석은 기존의 특장점 분석과 비슷하지만 다음과 같은 면에서 차이가 있다.

- 기존의 특장점 분석이 제품 위주의 분석이라면 오퍼 분석은 거래 조건이나 부대조건 등 고객에게 가치를 제공할 수 있는 모든 대상들을 포함한다.
- 기존의 특장점 분석이 고객 설득을 위한 논리 개발에 그 목적이 있다면 오퍼 분석은 고객의 당면 과제 해결을 통한 고객 가치 창출에 근본 목적이 있다.
- 기존의 특장점 분석이 특징들을 열거하는 데서 출발한다면 오퍼 분석은 고객의 욕구와 당면 과제를 파악하는 데서부터 시작된다.
- 기존의 특장점 분석은 분석 대상을 특성(features), 장점(advantage), 이점(benefits)의 측면에서 분석하는 반면, 오퍼 분석은 특성(features), 이점(benefits), 소구점(appeal)의 측면에서 분석한다.

오퍼 분석을 실시할 때는 기존의 특장점 분석처럼 좌측으로부터 우측으로 나아가는 귀납적인 방법이 아니라 우측으로부터 시작하여 좌측의 특성들을 열거하는 연역적 방법을 택하는 것이 좋다. 왜냐하면 고객들은 그들에게 의미와 가치를 줄 수 있는 특성들에만 관심이 있기 때문이다. 고객들이 세일즈맨으로부터 일방적인 제안 설득을 들을 때 쉽게 피곤함을 느끼는 것도 이런 이유 때문이다.

왜 오퍼 분석인가?

오퍼 분석은 세일즈 전략을 세우는 데 있어서 핵심 과정이다. 오퍼 분석을 제대로 하려면 고객의 욕구와 당면 과제 그리고 추구하는 가치와 구매 동기 등 고객에 대해 완벽하게 파악하고 있어야 한다. 또한 경쟁사들의 전략과 당사의 차별화된 고객 가치 전략에 대해서도 훤하게 꿰뚫고 있어야 한다.

따라서 오퍼 분석을 제대로 하려면 많은 노력과 창의력이 요구된다. 물론 이런 분석을 하지 않고도 고객이 추구하는 가치를 효과적으로 충족시켜 줄 수만 있다면 굳이 이런 노력에 시간을 투자할 필요는 없다. 그러나 사람마다 욕구도 다르고 추구하는 가치도 다를 뿐만 아니라 급변하는 비즈니스 환경에서 고객들의 당면 과제와 기대치도 수시로 변하기 때문에 세일즈맨에 대한 이러한 요구는 앞으로 더욱 늘어날 것이다.

이 밖에도 오퍼 분석을 통해 세일즈맨들은 다음과 같은 것들을 얻을 수 있다.

- 제품에 대한 깊은 지식을 쌓을 수 있다.
- 고객의 다양한 욕구에 효과적으로 대처할 수 있는 전략의 틀을

마련할 수 있다.

- 고객의 다양한 반론에 침착하고 설득력 있게 대처할 수 있다.
- 고객 중심의 전략 세일즈를 통해 세일즈의 효율성과 품질 수준을 높일 수 있다.
- 대형 거래처 세일즈나 프로젝트 세일즈의 경우 여러 사람이 팀을 이루어 세일즈 활동을 펼치게 되는데 구성원 전체가 참여한 가운데 제안 내용 분석을 실시함으로써 팀워크와 목표의식을 공유할 수 있다.

오퍼 분석의 3단계

오퍼 분석은 3단계 과정으로 진행된다.

1단계

취급하고 있는 제품과 서비스에 대한 모든 특성(features)을 파악한다. 특성은 제품이나 서비스에 대한 기술 사양이나 규격처럼 공급사에서 일방적으로 주장하는 기초 자료나 정보의 형태를 띠게 되며 대체적으로 다음과 같은 사항들에 관련되어 있다.

- 제품 서비스의 규격 및 품질
- 고객들에게 제공하는 모든 부가가치 서비스들
- 가격 구조 및 거래 조건
- 브랜드 파워 등 감성적 부가가치
- 기타 경쟁사 대비 차별성

2단계

이런 특성들(Features)이 고객에게 어떤 이점들(benefits)을 가져다줄 수 있는지 설명하는 단계이다. 고객사의 일방적 주장이라 할 수 있는 특성들이 고객에게 어떤 이점들을 제공하게 되는지 객관적으로 검증되는 단계라고 할 수 있다.

3단계

마지막 3단계는 고객별 당면 과제와 욕구에 일치하는 맞춤형 이점 세일즈(benefits sales)를 완결시키는 단계이다. 말하자면 제안하는 내용들이 어떤 측면에서 고객의 당면 과제와 욕구들을 해결해 줄 수 있는지 설명한다.

사례 연구

다음은 알루미늄 합금 주물 의자에 대한 오퍼 분석 자료이다. 대형 공연장이나 교육장에 주로 사용되는 의자이기 때문에 수요 업체들의 구매 욕구와 동기를 감안할 때 다음과 같은 논리를 가지고 제안 설득하는 것이 효과적이다.

제품: 알루미늄 합금 주물 의자
구매결정권자: 교육장이나 공연장 시설의 운영 책임자

특성	이점	소구점
알루미늄 합금 주물로 된 의자	• 가벼우면서도 견고하다. • 운반이 쉽다. • 세척하기 쉽다. • 쉽게 망가지지 않는다.	• 회의장 정리를 쉽고 신속하게 할 수 있다. • 경비가 절약되고 쾌적한 실내 분위기를 조성할 수 있다.

제안 설득 과정

제안 설득은 세일즈 활동에서 가장 핵심적인 부분이다. 세일즈맨이 아무리 완벽한 전략을 가지고 고객을 만난다 하더라도 고객의 동의를 받아낼 수 있는 제안 설득을 하지 못한다면 그동안의 모든 노력이 한순간 수포로 돌아간다.

제안 설득은 고객의 내면적 동의를 얻기 위한 노력이다. 성공적인 제안 설득을 위해서는 무엇보다 먼저 고객의 관심과 흥미를 자극할 수 있어야 한다. 그리고 고객이 기대하는 가치를 제공할 수 있는 차별화된 경쟁력을 갖고 있다는 사실을 확신시켜 주어야 한다. 설득력 있고 객관적인 자료를 시의 적절하게 활용하는 것도 매우 중요한 요소이다. 세일즈 프레젠테이션을 실시할 때 아래의 그림에서와 같은 다이아몬드 구조와 지침들을 활용하면 매우 효과적이다.

제안 설득 체계도

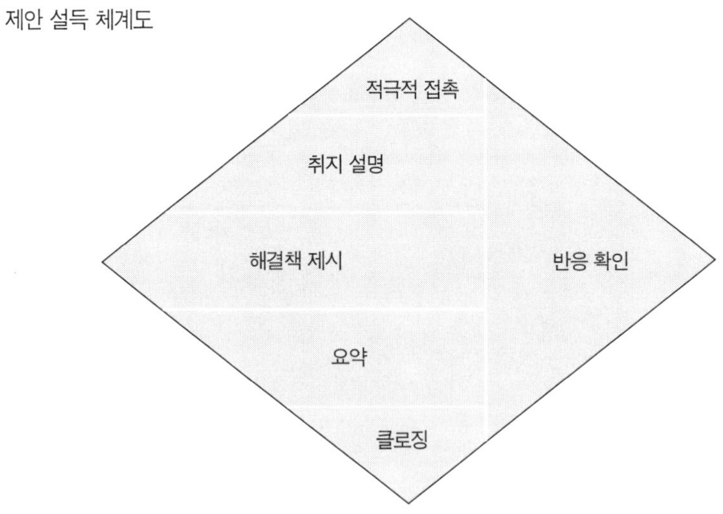

1. 적극적인 접촉

제안 설득 과정의 첫 번째 단계는 고객과 적극적인 접촉을 하는 것이다. 고객과의 적극적인 접촉을 위해 세일즈맨은 활기차고 정겨운 인사와 함께 고객의 관심과 흥미를 불러일으킬 수 있는 화제들을 시작으로 자연스럽게 대화를 이끌어가야 한다. 적극적인 접촉은 좋은 인간관계를 맺기 위한 분위기를 조성하며 고객의 주의력과 관심을 확보할 수 있게 한다.

2. 취지 설명

고객의 관심을 고조시키고 고객의 흥미를 부추기는 것이 이 단계에 해당된다. 이 단계에서는 그 다음 세 번째 단계인 해결책 제시 단계를 위한 준비 작업이 이루어지는 단계이다.

예를 들면 "지난번에 납기 지연에 대해 말씀하셨죠? 저희가 신속히 검토하여 개선책을 준비했습니다."와 같이 방문한 목적을 설명하는 단계이다. 이 단계에서는 고객으로 하여금 뭔가 기대감을 가질 수 있도록 해야 한다.

3. 해결책 제시

제안 설득 과정의 핵심을 이루고 있는 것이 해결책 제시 단계이다. 이 단계에서는 고객이 당면한 문제를 해결할 수 있도록 구체적인 방법과 해결책을 제공한다.

대부분의 고객들은 이 단계에서 집중적인 관심을 보인다. 그러므로 이 단계에서는 제시할 내용들이 잘 준비되어 있지 않으면 안 된다. 제품이나 서비스를 고객에게 보다 설득력 있게 효과적으로 설명하려면 앞에서 설명한 오퍼 분석 원리를 활용하면 된다.

4. 요약

이 단계에서는 고객이 실천으로 옮기기 전에 지금까지 세일즈맨
이 자기 제품이나 서비스가 고객에게 어떤 이점들을 가져다줄 수 있
는지 다시 한 번 요약 정리한다.

5. 클로징

클로징 단계로 들어가는 방법에는 제시한 해결책을 다시 한 번 총
정리하고 나서 최종 결정을 요청하는 방법과 곧바로 결정을 요청하
는 2가지 방법이 있다. 이때 고객의 결심을 촉진하기 위한 다양한
클로징 화법들을 구사할 수 있다. 그러나 이런 클로징 기술은 고
객으로부터 구매 의사 표시를 포착한 후에 하는 것이 더욱 효과적
이다.

예를 들어 "그래요." "그렇군요." "무슨 말씀인지 알겠습니다."
"납품일은 언제가 좋을까요?" 등과 같은 고객의 반응은 일종의 구
매 의사 표시로 간주해도 좋을 것이다.

6. 반응 확인 단계

제안 설득 과정을 통해 세일즈맨이 고객을 향해 일방적으로 떠들
어대기만 하는 일방적 설득 방식(one way communication)보다는
수시로 고객의 반응을 확인하고 견해를 들어 보는 쌍방향 설득 방식
(two way communication)이 더 효과적이다.

S·u·m·m·a·r·y

- 제품의 특성이 가져다주는 이점과 혜택은 고객의 욕구와 당면과제에 따라 각기 다르게 설명되어야 한다.
- 하나의 특성으로부터 수많은 이점과 고객에 주는 의미들을 생각해낼 수 있다.
- 오퍼 분석은 단순 규격 제품을 판매하는 경우보다는 제안 영업이나 컨설팅 세일즈에 효과적으로 활용될 수 있다.
- 제품 자체의 특성 및 장점들뿐만 아니라 가격, 결제조건, 납기, 서비스 등 패키지 전체로서의 이점을 설명해야 한다.
- 취급하고 있는 제품이나 서비스에 대한 오퍼 분석을 실시해 봄으로써 자신의 세일즈 경쟁력을 배가할 수 있게 된다.

5장
ANSWERING OBJECTION
반론 극복과 협상

반론 극복

고객의 반론은 고객의 권리이다. 고객은 이기적일 권리도 있고 무식할 권리도 있다. 일단 고객의 입을 통해 어떤 반론이 제기되면 프로다운 태도와 판단력을 가지고 슬기롭게 대처해야 한다. 과거와 같은 밀어내기식 세일즈 활동에서는 고객 반론이 많을 수밖에 없었다. 세일즈맨이 고객을 만나는 순간부터 자기가 취급하고 있는 제품의 특성과 장점들에 대해 일방적으로 떠들어댄다면 반론 제기의 가능성이 그만큼 높아지는 것은 너무 당연한 일이다. 과거의 세일즈 교본에는 대부분 '고객 반론을 즐기자, 세일즈는 고객이 반론을 제기하는 순간부터 시작된다.' 라고 쓰여 있다. 고객 반론에 대한 이런 개념은 과거와 같은 세일즈 환경에서는 통용될 수 있었다. 그러나 지금과 같은 고객 중심 세일즈 환경에서는 통하지 않는 옛이야기에 불과하다.

모든 분야에서 과당 경쟁이 펼쳐지고 있는 지금과 같은 상황에서는 과거와 같은 밀어내기식 세일즈는 통하지 않는다. 이제 모든 분야에서 세일즈맨들의 살 길은 고객의 욕구와 당면과제를 파악하고 그 갭을 해소시켜 줌으로써 합의를 얻어내는 컨설팅 세일즈 전략에서 찾아야 한다. 세일즈맨이 고객의 관심을 잘 끌고 질문을 통해 파악된 고객의 욕구들을 해소시킬 방안들을 고객의 입장에 서서 설득력 있게 수행할 수 있다면 고객 반론은 줄어들 것이다.

세일즈 활동을 통해 고객의 다양한 욕구와 기대치를 파악하고 대처함으로써 고객 반론을 미리 예방하는 능력이야말로 오늘날 프로 세일즈맨들이 갖추어야 할 핵심 역량이라고 할 수 있다.

진실한 반론과 위장된 반론

고객이 반론을 제기하는 것은 그만큼 관심이 있다는 표시이다. 고객 반론에는 진실한 반론(genuine objection)과 위장된 반론(false objection)이 있다. 진실한 반론이란 고객이 진심으로 이해할 수 없거나 받아들일 수 없는 점들에 대한 반론을 의미하며 위장된 반론이란 내면적으로는 이해하고 동의하면서도 세일즈맨의 반응을 떠보거나 새로운 정보를 수집하기 위해 의도적으로 제기하는 반론을 말한다.

노련한 세일즈맨들은 고객이 제기하고 있는 반론이 진실한 반론인지 위장된 반론인지 직감적으로 가려낼 수 있다. 위장 반론에 대해서는 세일즈맨이 화제를 바꾸거나 못들은 척해 버려도 그다지 문제가 되지 않는다. 그러나 진실한 반론은 문제가 다르다. 고객이 진심으로 제기하는 반론에 대해 세일즈맨이 소극적으로 대한다든지 부정적인 태도를 취하면 고객으로서는 더 이상 그 세일즈맨과 대화를 계속할 이유가 없게 된다. 그러므로 유능한 세일즈맨이 되려면 언제나 고객의 반론을 환영하고 즐길 수 있어야 한다. 고객이 반론을 제기한다는 것은 그만큼 관심이 있다는 표시이기 때문이다.

고객 반론의 심리학

인간의 자기 방어 본능은 생리적 욕구 다음으로 원초적인 본능이다. 인간은 외부로부터 어떤 자극이나 정보를 접하면 일단 자기 자신의 판단기준을 통해 여과하는 과정(filtering process)을 갖게 되는데 이때 자기 자신에게 친숙하지 않은 제안이나 정보를 접하면 거부 반응을 보이게 된다. 말하자면 고객이 반론을 제기하는 것은 세일즈맨의 제안에 대해 아직은 낯설다는 이야기이기도 하다.

고객이 반론을 제기하게 되는 심리적 배경에는 대체적으로 다음과 같은 것들이 있다.

- 기대했던 것과 다르다.
- 뭔가 느낌이 이상하다.
- 확신이 서지 않는다.
- 더 좋은 기회가 있을 것 같다.
- 마음에 두고 있는 다른 거래처가 있다.
- 보다 좋은 조건으로 협상하고 싶다.
- 너무 비싸다.
- 품질이 수준 이하이다.
- 납기가 너무 길다.
- 결제 조건을 좀더 유리하게 하고 싶다.

고객 반론에 대한 잘못된 대응

효과적인 반론 극복을 위해 반드시 염두에 두어야 할 사항은 인간은 누구나 자기 중심적이라는 사실을 인정하는 것이다. 고객 반론의 순간에 자기 중심적 독단과 적대감에 빠져서는 어떤 반론도 효과적으로 대처할 수 없다. 고객의 반론이 다소 과격한 내용을 담고 있다 하더라도 프로다운 마음가짐과 태도로 참고 견딜 수 있는 자세가 요구된다.

독단

그 정당성과 객관성을 확인하기보다는 지금까지의 자신의 경험이나 지식만으로 판단하려 한다. 따라서 독단적인 자세와 행동은 '자기 중심적'인 사고의 표현으로 고객에 대한 배려가 없기 때문에 고객으로 하여금 '내 얘기는 조금도 들어주지 않는다' '상대도 해주지 않았다' 라는 느낌을 갖게 할 수 있다. 예를 들면 다음과 같은 것이다.

- 고객의 문제에 대해 시큰둥하게 반응한다.
- 고객의 이야기를 다 듣기도 전에 지레짐작하여 대응하려 한다.
- 문제점을 잘 파악하지 못한 채 해결책을 제시한다.

어떠한 이유에서든 고객의 욕구에 기초하여 고객의 문제를 해결한다는 관점에서 보면 위의 사례는 세일즈맨이 잘못한 것이다. 왜냐하면 고객의 문제점을 충분히 파악하지도 않고 적절한 해결책을 제시한다는 것은 있을 수 없는 일이기 때문이다. 만약 세일즈맨이 고객의 기대와 욕구와는 전혀 상관없는 해결책을 제시한다면 고객은 세일즈맨의 태도에 어리둥절해 할 것이다. 이럴 경우 어떤 해결책도 고객에게 설득력을 잃게 된다.

또 다른 독단적인 사례 중에는 고객의 대답을 강요하는 듯한 질문을 하는 것이다. 예를 들면 "저희 제품이 뛰어나다는 것은 알고 계시지요?" "저희가 하자는 대로 하면 그 문제를 해결할 수 있다고 생각하지 않습니까?" 이런 유도적인 강요는 대개 질문 형식을 취하고 있다. 그러면 고객은 순간적으로 그런 것 같은 착각에 빠질 수도 있지만 근본적인 해결책이 제시되지 않았기 때문에 고객은 다시 냉담한 태도를 보이게 된다. 만약 고객이 이런 느낌을 갖게 되면 거래는 당장 파경을 향해 치닫게 된다.

적대감

적대감이란 초조감, 분노, 때로는 공격적인 행동이나 태도를 취하는 것을 말한다. 적대감은 흥분된 어조나 비난, 매도 또는 비아냥거림으로 자신의 불안감을 표출하는 형태로 나타난다.

예를 들면, "뭐요? 아무래도 좋다는 말씀이죠?" "이미 결론은 났다는 건가요?" "그 문제에 대해 저와 연관 짓지 마세요. 저와는 상관없는 일입니다."

이런 적대감에 가득 찬 말은 고객을 주눅들게 하고 고객으로 하여금 기가 막혀 할 말을 잃게 한다. 적대감으로 가득 찬 언행은 고객을 더욱 소극적으로 만들거나 혼란과 분노를 일으키게 한다. 마치 죄인을 대하는 듯한 집요한 질문도 적대감에서 나오는 경우가 많다. 세일즈맨이 고객의 반응을 무시하고 일방적으로 질문한다거나 고객에게 말할 기회도 주지 않는 경우가 있는데 일방적으로 질문을 받기만 한다면 고객은 마치 심문을 받고 있다는 기분이 들 것이다. 이래서는 신뢰감이 생기기는커녕 고객을 한층 더 멀어지게 만들 뿐이다.

세일즈맨과 오랜 시간 이야기를 했어도 아무런 소득이 없다고 느끼면 고객은 상대에 대한 불신감 때문에 이후에는 쉽게 대화에 응하려 하지 않을 것이다. 고객을 집요하게 심문하는 것은 고객과 대결하여 결국 결별하겠다는 것이나 다름없다.

예를 들어 "그것을 수락하는 것은 무리라는 말씀이십니까?" "약속을 지킬 수 없을 것 같아 의심하시는 겁니까?"

이런 식의 대응은 고객으로 하여금 소외감과 압박감을 느끼게 할 뿐이다. 세일즈맨이 고객에게 고압적인 태도로 다가가면 두 사람 사이의 관계는 더욱 악화될 수밖에 없다.

특별 대책이 요구되는 반론들

진실이 숨겨진 반론

"아직 예산이 확보되지 않았습니다."라는 반론은 겉으로 나타난 반론일 뿐 실제로는 "나에게는 결정권이 없습니다."라는 이야기를 하고 있는 것이다.

⟨대응 전략⟩

고객의 반론에 귀를 기울이는 척하면서, "그런데 또 다른 문제점은 없는지요?"와 같은 유도 질문을 통해 이면에 숨겨진 의도를 파악한다.

지연을 위한 반론

"상사의 결재를 받아야 한다." "제안서를 놓고 가시면 다시 한 번 검토하여 그 결과를 통보해 주겠다." "다시 한 번 검토해 보고 싶다." 등과 같이 지연을 유도하는 반론을 제기하는 경우이다.

<대응 전략>

고객이 결정을 미루는 의도가 어디에 있는지 정확히 알아내어 대처한다.

가격에 대한 반론

고객은 가격 그 자체를 구매하는 것이 아니라 구매가 가져다주는 이점과 혜택을 구매하는 것이다. 가격 반론에는 이점과 혜택을 설명함으로써 귀사 제품이 비싼 이유를 설명해야 한다.

<대응 전략>

- 가격이 높다고 하면 경쟁사와 비교해서 높은 것인지, 고객의 기대 수준에 비해 높다는 것인지를 파악해야 한다.
- 경쟁사와 대비해서 높다고 할 경우에는 경쟁사와의 실제 가격차를 계산해 내고 그 차액에 대한 정당성을 납득시킨다.
- 고객의 희망 가격에 비해 높다고 할 경우에는 고객이 누릴 수 있는 주요 이점을 이야기해 줌으로써 고객이 비싸다고 생각하는 가격차 이상으로 고객 가치를 얻을 수 있다는 확신을 심어준다.

반론 대응시 유의 사항

고객이 반론을 제기할 때 세일즈맨은 다음과 같은 사항에 유의하면서 대응한다.

- 당황하거나 허둥대지 말라. 고객이 말을 채 끝내기도 전에 서둘

러 반응을 보이는 것은 예의에 어긋날 뿐만 아니라 반감을 불러 일으킬 수 있다.

- 청산유수로 대답하지 말라. 고객의 예상 반론에 미리 대비한 것 같은 인상을 주는 것도 신뢰성을 떨어뜨릴 수 있다.

- 고객과 논쟁하거나 언쟁하지 말라. "선생님의 의견에 반대입니다." "사실이 아닙니다." "틀렸습니다." 등과 같은 표현은 금물이다. 고객과 언쟁을 통해 득을 보겠다는 생각은 지극히 어리석은 생각이다.

- 고객을 압도하려 하지 말라. 고객이 잘못 이해하고 있거나 실수했다는 것을 증명하려 한다든지 자신의 전문 지식을 자랑하려고 하는 것은 상대방의 자존심을 건드리는 행위이다.

- 쉽게 포기하지 말라. 아직 미숙한 세일즈맨들은 고객이 다소 심각한 어조로 반론을 제기해 오면 스스로 기가 죽어 추가적인 노력을 포기해 버리는 경향이 있다. 그러나 이것은 매우 잘못된 행동이다. 성공하는 세일즈맨이 되려면 그럴만한 값어치가 있다고 판단되는 고객에 대해서는 비록 문전박대를 당하는 한이 있더라도 끝까지 노력하여 일을 성사시킬 수 있어야 한다. 고진감래라는 말처럼 이런 과정을 거쳐 거래가 성사된 고객일수록 오랫동안 우량 고객으로 남는 경우가 많다.

연습 문제

다음 사례들을 읽고 고객들로부터 이와 같은 반론들을 받았을 때 구체적으로 어떻게 대응할 것인지에 대해 생각해 보기 바란다.

〈상황 1〉

고객 : M회사보다는 좋은 조건이군요. 하지만 김 과장님도 아시다시피 지난 몇 년 간의 불경기 여파로 저희 회사는 모든 원가를 절감하라는 지시가 있어 같은 품질 수준으로 가격을 10% 정도 낮추어야 합니다.

세일즈맨 : ....

〈상황 2〉

고객 : 귀사의 제품이 디자인과 품질 면에서 D회사보다 유리합니다만 결제 방법을 어음으로 할 수는 없을까요?

세일즈맨 : 죄송합니다. 김 과장님, 저희 회사는 기존 거래 선에 한해 최고 3개월 기한 어음까지를 결제 조건으로 택하고 있기는 합니다만 귀사와 같이 첫 거래인 경우에는 어음을 받지 않습니다.

고객 : 잘 알겠습니다만 D회사는 저희 사정을 감안해 결제 조건을 신축성 있게 조정해 주고 있습니다.

세일즈맨 ....

〈상황 3〉

세일즈맨 : 우리 회사는 이 분야에 오랜 경험을 가지고 있기 때문에 안심하고 우리 제품을 쓰셔도 됩니다.

고객 : 납기는 주문 후 얼마나 될까요?

세일즈맨 : 품목에 따라 약간의 차이는 있습니다만 대략 3일이나 4일 걸립니다. 저희 공장에서 서두른다면 하루 정도는 단축시킬 수 있습니다. 그렇게 하면 귀사의 업무 일정에 차질이 없겠습니까?

고객 : 네, 별로 문제될 것이 없을 것 같습니다.

세일즈맨 : 그럼 지금 결정해 주시겠습니까?

고객 : 아직 결정할 단계는 아닙니다. 이번 건은 사장님께 결재를 받아야
 합니다. 제가 실무를 맡고 있기는 하지만 최종 결정은 사장님이 직접
 하시게 됩니다.

세일즈맨 : ……………………………………………………………………

〈상황 4〉

세일즈맨 : 여기에 나와 있는 회사들이 수년간 저희 제품을 사용해온 거
 래처들입니다. 귀사에서 우리 제품을 쓰신다면 분명 좋은 결과를 얻게
 될 것입니다.

고객 : 저희도 귀사 제품을 쓰고 싶습니다만, 현재로서는 좀 곤란하겠군
 요. 사실 저희 회사의 내부 사정이 지금 매우 복잡한 실정입니다.

세일즈맨 : ……………………………………………………………………

〈상황 5〉

세일즈맨 : 귀사의 예산 규모 등을 종합해 볼 때 저희가 제시한 정도의 모
 델을 구매하는 것이 가장 좋을 것이라고 생각합니다.

고객 : 하지만 기왕에 투자하는 건데 그 정도라면 안 사느니만 못하지 않
 습니까?

세일즈맨 : ……………………………………………………………………

CLEAR 반론 극복 기술

고객이 반론을 제기해 오면 다음에 설명된 CLEAR 기법을 활용하

여 효과적으로 극복할 수 있다. CLEAR 기법을 이해한다는 것과 그
것을 세일즈 현장에 습관처럼 활용하는 것과는 전혀 별개의 문제이
다. CLEAR 기법이 익숙해질 때까지 아래에 별도로 제시된 평가기
준을 활용하여 스스로 자기 자신을 평가해 보자.

1. 확인한다(Clarify)
고객이 제기한 반론들을 요약 정리하고 확인한다.

2. 경청한다(Listen)
고객의 반론 내용을 끝까지 경청한다. 고객의 이야기가 채 끝나기
도 전에 반응을 보이는 것은 고객의 반론에 대해 관심이 없다는 것
을 암시하는 것과 마찬가지이다. 고객의 이야기를 끝까지 들어줌으
로써 당신이 최선을 다해 고객의 문제를 해결해 주겠다는 메시지를
보내게 되는 것이다. 고객은 당신이 보여주고 있는 이런 진지한 태
도 그 자체만으로도 위로와 안심을 느끼게 된다.

3. 문제의 핵심을 파악한다(Explore)
고객의 반론이 정당한 반론인지 아니면 오해에서 비롯된 반론인
지 또는 보다 좋은 거래 조건을 확보하기 위한 전략적인 반론인지를
파악해야 한다. 문제의 핵심을 정확히 파악하기 위해서는 물론 질문
과 경청을 잘해야 한다.

4. 고객의 관점을 이해한다(Acknowledge)
고객이 반론을 제기하는 데는 반드시 그만한 이유가 있을 것이다.

먼저 고객의 입장에 서서 그와 같은 반론을 제기하는 배경과 기분을 이해해야 한다. 여기서 중요한 점은 고객의 기분을 이해한다고 해서 곧 고객의 이야기를 수용한다는 뜻은 결코 아니라는 것이다. 다만 고객의 관점과 기분을 이해함으로써 상호 신뢰와 공감대를 이룰 수 있고 이를 기초로 서로에게 이익이 되는 해결책을 마련할 수 있다.

5. 응대한다(Response)

고객의 반론에 적절히 대응하기 위해서는 반론의 핵심을 정확히 파악하고 고객의 입장에 서서 고객이 만족할 수 있는 해결책을 제시한다. 이 과정에서 서로 양보하는 것이 필요하다고 판단되면 서로에게 이익이 되는 타협점을 제시하여 고객에게 받아들이도록 설득해야 한다.

CLEAR 체크 리스트

고객의 반론에 CLEAR 기술을 잘 활용하면 효과적으로 대처할 수 있다. 기술을 구사한다는 것은 완성의 경지가 있을 수 없다. 끊임없이 배우고 익혀 한 단계 더 나은 수준으로 나아감이 있을 뿐이다. 다음에 제시된 CLEAR의 각 단계별 평가기준을 활용하여 끊임없이 노력하면 모두가 반론 극복의 명수가 될 것이다.

관찰 내용	네	아니오	의견 및 평가
확인(Clarify)			
• 고객의 입장 표명에 대해 감사와 이해한다는 뜻을 나타냈습니까?			
• 지금까지의 문제점이나 고객의 지적 사항에 대해 고객에게 충분히 해명했습니까?			
• 고객을 위해 최선을 다하겠다는 의지를 나타냈습니까?			
경청(Listen)			
• 고객의 이야기에 귀를 기울였습니까?			
• 고객의 입장에서 고객의 판단 기준으로 이해하려고 노력했습니까?			
탐색(Explore)			
• 추가 정보가 필요함을 이야기했습니까?			
• 해결해야 할 과제들은 확인했습니까?			
• 고객의 목표 수준을 파악했습니까?			
• 차선책 제시에 대한 수용 여부를 확인했습니까?			
이해(Acknowledge)			
• 고객의 입장을 이해한다는 표현을 했습니까?			
• 고객의 의견에 공감을 표현했습니까?			
• 상대방의 입장에 공감한다는 신체적인 표현을 했습니까?			
응대(Response)			
• 고객에게 대안을 제시했습니까?			
• 제시한 내용이 고객에게 어떠한 이익들을 줄 수 있는지 설명했습니까?			
• 고객과 상호 만족하는 합의를 이루었습니까?			

S·u·m·m·a·r·y

- 최고의 전략은 고객 반론이 제기되지 않도록 그 원인을 미리 제거하는 것이다.
- 고객이 반론을 제기하면 고객의 말에 귀를 기울이고 관심을 표명해야 한다.
- 고객의 반론에는 진심으로 하는 반론과 위장된 반론이 있다.
- 효과적인 반론 극복을 위해서는 고객 중심적인 마음가짐과 고객과 감성을 교류할 수 있는 대화술이 필요하다.
- 경청, 인지, 탐색, 응대 기술을 적극 활용하자.

세일즈 협상

오늘날과 같은 소비자 중심 시대에는 대부분의 상담 과정에서 고객 반론은 제기되기 마련이고, 이와 같은 반론들은 세일즈맨의 일방적인 반론 극복 기술에 의해 극복되기보다는 서로 양보하여 합의를 도출하는 협상 과정을 거치게 되는 것이 보통이다.

비즈니스 게임 이론으로 노벨 경제학상을 받은 로버트 오먼(Robert Aumann) 교수는 그의 저서 「협상과 커뮤니케이션」에서 '협상은 인간 상호간 분쟁을 해결하기 위한 최선의 커뮤니케이션 방법이다.' 라고 말했다. 세일즈맨이 그간 각고의 노력으로 클로징 단계에 와 있는 비즈니스를 마지막 순간에 의견 차를 좁히지 못하여 놓치고 말았다면 이는 매우 애석한 일이 아닐 수 없다. 그러므로 오늘날 유능한 프로 세일즈맨이 되려면 반드시 세일즈 협상 능력을 갖추고 있지 않으면 안 된다. 과거와 같은 세일즈 환경에서는 전통적인 고객 반론 기술들이 어느 정도 효과적으로 작동될 수 있었다. 이것은 주로 세일즈맨이 갖고 있는 보다 유리한 지식 정보와 커뮤니케이션 능력 때문이었다. 그러나 오늘날과 같은 디지털 세일즈 환경에서는 구매자도 세일즈맨 못지않은 전문 지식과 정보를 가지고 있기 때문에 더 이상 이른바 전통적인 방법은 통하지 않게 되었다. 이런 상황에서 세일즈맨들에게 요구되는 역량이 바로 세일즈 협상 기술이다.

세일즈와 세일즈 협상은 크게 다르다. 필자가 그동안 경험한 바에 의하면 세일즈에는 강하지만 협상에는 약한 세일즈맨들이 있는가

하면 그 반대의 경우도 적지 않았다. 독자들의 이해를 위해 세일즈와 세일즈 협상의 차이점을 요약하면 다음과 같다.

- 세일즈 협상은 고객으로부터 구매 의사를 확인한 이후의 과정이고 세일즈는 그 전의 모든 과정이다.
- 세일즈 협상은 서로 양보를 교환하는 과정이고 세일즈는 일방적인 설득 과정이다.
- 세일즈 협상은 쌍방이 모두 승자가 되는 길을 모색하는 과정이고 세일즈는 일방적인 설득 과정이다.

세일즈 협상의 반대는 구매 협상이다. 모든 협상에는 상대가 있기 마련이며 협상 상대와 목적에 따라 다양한 종류의 협상들이 있을 수 있다. 그러나 어떤 종류의 협상이든 협상에 적용되는 원리와 진행 과정은 매우 흡사할 수밖에 없다. 모든 협상은 결국 이해 당사자 간에 양보(concessions)를 교환함으로써 쌍방이 모두 만족할 수 있는 결과(win-win results)를 얻기 위한 협의 과정이기 때문이다.

협상에 대한 잘못된 관점

인간은 누구나 자기 자신의 생각대로 세상을 보고 사물을 판단하며 행동하게 된다. 똑같은 협상 과제를 놓고도 평소에 협상의 개념을 어떻게 파악하고 있는가에 따라 협상에 임하는 태도와 자세는 다르게 나타날 수밖에 없다. 이를테면 미국인들의 카우보이식 협상이나 중국인들의 만만디 협상도 결국 그들의 의식 속에 깊이 뿌리 박혀 있는 세일즈 협상에 대한 이해와 습관에 의해 만들어진 것이라 할 수 있다.

국내 세일즈맨들의 경우, 세일즈 활동에 강한 것만큼 세일즈 협상에는 그다지 강하지 못한 것으로 평가되고 있다. 왜 이런 현상이 나타나고 있을까? 필자는 이런 현상을 다음과 같이 분석해 보았다.

갑과 을 관계로 본다

세일즈는 고객의 당면과제 해결을 통한 세일즈맨들의 목표 달성이라는 양면성을 분명히 갖고 있다. 말하자면 세일즈는 비단 세일즈맨뿐만 아니라 고객들을 위해서도 반드시 필요한 경제활동이라는 뜻이다. 그럼에도 불구하고 유독 우리나라에서만은 아직도 갑과 을의 관계라는 묘한 고정관념에 사로잡혀 있는 것이 사실이다.

한 나라의 경쟁력이 지속적으로 높아지려면 무엇보다 먼저 공정하고 합리적인 게임의 룰이 전제되어야 한다. 여기에서 공정한 게임의 룰이란 수요 공급의 원리에 의한 가격 결정 메커니즘을 말한다.

매우 안타깝게도 우리나라에서는 이런 게임의 룰이 그다지 맥을 못 추고 있는 것이 사실이다. 주로 힘 있는 대기업들이 물품을 구매하는 갑의 입장에 있어서 이런 현상이 사회적 증후군으로까지 나타나고 있는지는 알 수 없으나 아무튼 유독 우리나라만큼 비즈니스 거래에서 갑이 모든 것을 주도하고 을은 울며 겨자 먹기로 따라가는 나라도 드물 것이다.

문제는 대부분의 세일즈맨들이 이런 현상을 어쩔 수 없는 하나의 사회적 굴레로 인식하고 그 전철을 답습한다는 데 있다. 대체적으로 이런 세일즈맨들은 그들의 고객, 즉 갑에 대하여 다음과 같은 잘못된 고정관념에 빠져 있음을 알 수 있다.

- 고객은 왕이다. 한번 잘못 보이면 끝장난다.
- 고객은 갑이다. 갑이 거래의 룰을 결정하는 것은 당연한 일이다.
- 가격만이 거래를 결정하는 유일한 기준이다.
- 우리 외에도 갑과 거래를 희망하는 업체는 무수히 많다.
- 비즈니스 협상에서 담당자로서의 결정권이 너무 없다.

협상 자체를 기피한다

'양단간에 결판을 내자.' '흑이면 흑이고 백이면 백이다.' 와 같은 한국인의 언어 습관 속에는 원초적으로 협상이나 타협을 경시하는 집단 무의식이 자리 잡고 있다.

또한 우리의 집단 무의식 속에는 전통과 권위를 중시하고 맹목적인 복종을 미덕시하는 일종의 권위주의적인 문화가 자리잡고 있는 것도 사실이다. 권위나 권력, 또는 돈 앞에서 일방적인 관계가 강요되는 사회에서 제대로 된 협상 문화가 꽃피기는 어려울 수밖에 없었을 것이다.

협상 상대에 초점을 맞춘다

필자가 그간 수많은 민간 기업들에서 협상이라는 낱말을 한자로 어떻게 써야 하는지 물어보면 대개의 경우 協商이 아니라 協相으로 잘못 이해하고 있음을 알 수 있었다. 이는 협상의 초점을 타결해야 할 비즈니스[商]에 두지 않고 마주 앉은 상대방에 둔다는 의미를 내포하고 있는 것이다. 우리의 협상 관행과 협상 문화가 세계 수준이 되기 위해 가장 시급히 해결되어야 할 점이 바로 이것이다.

협상의 최종 목표와 목적을 해결해야 할 과제에 둔다면 협상할 상대와 서로 얼굴을 붉힐 이유도, 극한 대립으로 치달아야 할 이유도 없다. 특히 그간 극한적인 대립으로 치달아 국제사회에서 악명이 높은 한국의 노사 협상 문화는 이런 관점에서 시급히 개선되어야 할 과제이다. 손자병법에서도 최선의 승리는 싸우지 않고 이기는 것이라 했다. 비즈니스 협상에서 쌍방 모두가 협상의 초점과 관심을 협상 과제 그 자체에 둔다면 얼마든지 화기애애한 분위기 속에서 서로가 승자가 되는 비즈니스 협상이 가능할 것이다.

협상을 제로섬 게임으로 본다

우리는 흔히 목소리가 크고 너 죽고 나 살자는 식의 밀어붙이기식 협상에 강한 사람을 유능한 협상가로 잘못 인식하는 경향이 있다. 이들은 협상을 제로섬 게임으로 보고 있기 때문에 협상의 상대를 상호 협력해야 할 파트너보다는 이용해 먹거나 타도해야 할 대상으로 보려 한다.

우리 주변에서 벌어지고 있는 대부분의 분쟁이나 단체 협상들의 내용을 들여다보면 거의 모두가 바로 이런 문제 때문에 원만한 타결을 이루지 못하고 파국으로 치닫는 것을 볼 수 있다.

협상에 대한 패러다임(paradigm)을 제로섬 게임에서 플러스섬 게임(plus sum game)으로 전환하고 상호 양보를 통해 쌍방 모두가 승자가 될 수 있었던 대표적인 협상 사례로 흔히들 캠프 데이비드 평화 협상을 꼽고 있다. 1979년 지미 카터 대통령의 주선과 중재로 이스라엘의 메나헴 베긴(Menahem Begin)수상과 이집트의 안와르 사다트(Anwar Al Sadat)대통령 간에 체결된 이 협상은 1967년 제3차 중동전쟁을 통해 이집트가 이스라엘에 빼앗긴 시나이 반도에 대한 처리 문제가 핵심 쟁점이었다.

만약 그들이 종전처럼 시나이 반도에 대한 배타적 주권을 서로 주장하면서 소모적인 논쟁으로 일관했다면 협상 타결은 불가능했을 것이다. 그들은 서로의 입장을 이해하고 양보함으로써 이집트에게는 실지 회복을, 이스라엘에게는 평화와 안전 보장을 안겨줌으로써 쌍방 모두가 승자가 될 수 있는 길을 열었던 것이다.

이 협상의 사례에서 볼 수 있듯이 비즈니스 협상은 정해진 파이를 나누어 먹는 제로섬 게임이 아니라 상호 양보를 교환함으로써 쌍방 간 시너지 효과를 창출할 수 있는 플러스섬 게임임을 알 수 있다.

서로 반씩 양보하는 것으로 이해한다

우리 주변에서 생필품이나 부동산 등을 팔고 사기 위해 이루어지는 비즈니스 협상 과정을 관찰해 보면 십중팔구 쌍방간의 가격차를 확인한 후 그것을 양 등분한 가운데서 합의하는 것을 자주 볼 수 있다. 언뜻 생각하면 대단히 합리적인 협상 방안인 것처럼 생각될지 모르지만 사실은 대단히 무책임하고 안이한 태도라 할 수 있다. 왜냐하면 가격 이외에도 얼마든지 중요한 협상의 변수들이 있을 수 있기 때문에 어느 한쪽이 가격에 대한 양보를 요청해 오면 상대방은 가격이 아닌 또 다른 변수, 이를테면 수량이나 납기, 품질, 결제 조건으로 얼마든지 맞설 수 있기 때문이다.

비즈니스 협상은 서로의 외형적인 중간지점을 찾아내는 과정이 아니라 내면적인 균형점을 찾아내어 합의하는 과정이다. 그러므로 우리는 비즈니스 협상을 중간지도(中間之道)로 바라봐서는 안 되며 중용지도(中庸之道)로 바라봐야 할 것이다.

협상 기술의 필요성을 인정하지 않는다

서양 사람들이 동양 사람들에 비해 협상에 능한 것은 그들의 생활 환경과 체계적인 교육 때문이다. 이제 우리도 가정 교육, 학교 교육 그리고 사회 교육을 통해 선진 협상 관행과 기술들을 체계적으로 익혀야 한다. 낙후된 우리의 협상 문화가 세계 수준으로 올라가려면 적지 않은 시간과 노력이 필요하다. 처음부터 협상의 대가는 없으며 유능한 비즈니스 협상가는 태어나는 것이 아니라 길러지는 것이다.

협상은 심리학과 행동 과학을 토대로 한 과학인 동시에 감성지능과 대인관계 기술이 복합된 커뮤니케이션 기술이기도 하다. 또한 협상은 상대가 처한 입장과 심리 상태를 정확히 파악하여 효과적으로 대처하는 지피지기의 전략 전술이기도 하다. 그러므로 유능한 비즈니스 협상가가 되려면 협상과 관련된 전문 지식뿐만 아니라 관련 분야에 대한 광범위한 지식과 정보가 요구된다. 아울러 풍부한 감성 기술과 커뮤니케이션 기술도 함께 요구된다.

유능한 협상가가 되기 위해 갖추어야 할 이런 자질과 기술들을 타고나는 사람은 아무도 없다. 확고한 목적의식을 가지고 열심히 노력하면 누구나 유능한 협상가가 될 수 있다.

협상가의 자질과 자세

손자병법의 시계편(始計篇)에 보면 전쟁터에서 승리하기 위해 모름지기 장수는 지모(智謀), 신의(信義), 인자(仁慈), 용기(勇氣)를 갖추어야 한다고 쓰여 있다.

그렇다면 유능한 비즈니스 협상가가 되기 위해서는 어떠한 자질들을 갖추어야 할까?

확실한 목적의식

모든 협상에는 반드시 제약 조건이 있게 마련이다. 주어진 조건들을 면밀히 검토하여 협상을 통해 이루고자 하는 목표를 분명하게 설정하고, 협상에 임해서는 오로지 설정된 목표를 달성하는 데 전력을 기울여야 한다. 이런 마음가짐을 갖추지 못하고 협상에 나아갈 경우 다음과 같은 함정에 쉽게 빠질 수 있다.

- 협상 목표와 과제에 초점을 맞추지 않고 협상 상대의 언행에 초점을 맞추기 때문에 불필요한 언쟁에 말려들거나 파국으로 치달을 수 있다.
- 순간적인 판단과 임기응변에 의존하기 때문에 엉뚱한 협상 결과를 얻거나 실패하게 된다.

상대방을 파트너로 인정하는 자세

협상할 과제를 통해 목표를 달성하려면 협상에 참여하고 있는 상대를 협상 파트너로 인정하지 않으면 안 된다. 여기서 파트너로 인정한다는 것은 협상 상대를 맞서 싸워야 할 적으로 보지 않고 서로가 승자가 될 수 있도록 협력해야 할 대상으로 보는 것을 말한다. 이를 위해서는 비즈니스 협상을 제로섬 게임적인 시각이 아닌 플러스

섭적인 시각으로 바라볼 수 있는 사고방식과 마음의 여유를 가져야 한다.

이 밖에도 비즈니스 협상가로서 갖추어야 할 자질에는 다음과 같은 것들이 있다.

- 상황 판단 능력
- 필요한 정보를 수집하고 종합하는 능력
- 입수된 정보를 분석하고 해석하는 능력
- 상대의 욕구와 협상 목표를 파악하는 능력
- 효과적인 질문 기술
- 상대의 이야기를 잘 듣고 기억하는 능력
- 상대의 자긍심을 부추기는 기술
- 효과적인 제안 설득의 기술
- 설득력과 호소력을 갖춘 대화 능력
- 협상의 변수를 개발하는 능력
- 다양한 협상 전략 전술을 구사할 수 있는 능력
- 협상의 주도권을 장악하는 능력
- 인내력과 지구력
- 폭넓은 지식(제품, 고객, 경쟁사, 업계 등)
- 재무 지식과 계산 능력
- 인간적인 매력과 세련된 매너
- 상대의 관심을 이끌어내는 기술
- 상대의 반론을 극복하고 양보를 교환하는 능력
- 순간적인 재치와 순발력

세일즈 협상 지침

우리 속담에 뿌린 대로 거둔다는 말이 있다. 이는 세일즈 협상에도 그대로 적용된다. 상담 과정에서 상대가 제기할지도 모를 반론들에 대해 무엇을 얼마큼 양보하고 또 얻어낼 것인지 사전에 충분히 검토하고 대비해야 한다.

성공적인 비즈니스 협상을 수행하려면 다음과 같은 지침들을 토대로 협상을 전개해 가야 한다.

- 상대의 입장이 되어 본다. 상대는 어떤 유형의 사람이며, 그에게 있어서 이번 협상의 목적과 문제점들은 무엇인가 파악한다. 상대가 만족스럽게 생각할 협상의 결과, 그리고 이를 위해 어떤 전략으로 나올지 알아본다.

- 주요 협상 변수에 대한 합의 수준을 정한다. 협상에 임하기 전에 협상의 주요 변수들에 대한 합의 수준을 설정해 두어야 한다.

- 최초 제시 조건을 설정한다. 최초로 제시할 조건의 내용은 충분한 입증 자료를 통해 상대방에게 설득력 있게 제시되어야 한다. 최초에 제시하는 조건의 내용 여하에 따라 상대방의 협상 태도와 목표가 달라지는 경우가 많다.

- 협상의 목표는 가능한 한 높게 설정한다. 그리고 상대방에게 자신감과 여유 있는 태도를 보여준다. 협상의 대상인 상대방도 당

신의 도움이 필요하기 때문에 협상 테이블에 마주 앉아 있다는 사실을 명심하라.

• 상대방의 쇼핑 리스트와 최초로 제시한 조건들을 신속히 파악한다. 유능한 협상가는 상대방의 의도와 기대 수준을 완벽하게 파악하기 전에는 어떤 조건도 미리 제시하지 않는다. 만약 이렇게 하지 않고 상대가 부분적으로 요청하는 모든 조건들을 하나씩 들어주다 보면 나중에는 도저히 감당할 수 없는 지경에 빠지게 된다.

• 상호 양보를 교환하고 양보한 내용들은 정당화 시킨다. 절대로 쉽게 양보해서는 안 되며 양보할 경우에는 매우 어려운 결정인 것처럼 행동한다. 당신에게는 적은 비용이지만 상대방에게는 큰 가치가 있는 내용은 양보한다. 양보한 내용은 반드시 합당한 이유를 붙여 당신의 입장을 약화시키지 않도록 한다. 만약 합당한 이유로 설명되지 않는다면, 상대방은 당신이 양보할 것을 생각하고 미리 높은 조건을 제시한 것으로 오해하게 된다. 상대방에게 양보를 요구할 경우에도 상대가 체면 손상을 느끼지 않도록 정당화시켜 주고 양보한 내용에 대해 찬사를 보내야 한다.

• 협상 목표를 향해 점진적으로 나아간다. 급하다고 해서 합의를 서둘지 말고 지금까지 합의된 내용을 점검하여 쌍방이 이미 합의한 내용에 대해 상대방도 잘 이해하고 있는지 확인하고 당초의 목표대로 협상이 잘 진행되고 있는지 확인한다.

- 그림을 전체적으로 파악하고 다양한 협상의 변수들을 찾아낸다. 평소에는 협상의 변수가 될 수 없다고 생각되었던 절대적인 것들도 상황에 따라서는 얼마든지 협상의 변수가 될 수 있다. 상대방보다 많은 협상 변수들을 생각해낼 수 있다면 협상의 주도권을 쉽게 잡을 수 있다.

- 결론 단계에 이르면 다시 한 번 요약하고 확인한다. 합의된 내용을 서류로 작성하기 전에 다시 한 번 구두로 서로 확인한다.

- 상대방이 협상의 승리자라는 인식을 가질 수 있도록 유도한다. 상대방이 협상의 승자이며 당신이 이번 협상에서 많은 것을 양보하게 된 것은 오로지 그의 협상 전략과 기술이 뛰어난 까닭이라고 칭찬하여 상대방을 만족시킨다. 그의 만족은 당신에게 또 다른 협상 기회를 가져다줄 것이다. 그러나 만약 상대방이 그와 반대로 생각하고 있다면 그는 또 다른 협상을 위해 당신 앞에 나타나지 않을 것이다.

- 합의 후엔 신속하게 계약서를 작성한다. 만약 이 과정에서 필요 이상으로 시간을 지체하지 않는 것이 좋다. 왜냐하면 계약 당사자들의 심경에 어떠한 변화가 올지도 모르고 급격한 상황 변화가 초래되어 합의한 내용에 대해 이의를 제기하게 된다든지, 또 다른 복잡한 상황이 야기될 수 있기 때문이다.

- 재협상의 가능성을 남겨둔다. 비록 협상에 실패했다 하더라도

차후 협상을 재개할 수 있는 기회를 갖도록 한다. 예를 들면 "저희가 제시한 거래조건을 받아들일 수 없으신 점에 대해 안타깝게 생각합니다." 혹은 "저희가 더 이상 양보할 수 없음을 이해해주시기 바랍니다. 귀사에서 재검토가 가능하다면 저희는 귀사를 위해 언제든지 봉사할 준비가 되어 있습니다."라고 말함으로써 협상을 다시 할 가능성을 배제하지 않는다.

협상 단계별 포인트

다음은 세일즈 협상에 들어가기 전 단계와 본격적인 협상 단계, 그리고 클로징 및 사후관리 단계 등 3단계로 구분하여 각 단계별로 유의해야 할 사항들을 정리한 것이다.

준비 단계

- 적극적이고 진취적인 목표를 설정한다. 세일즈 협상에서 가장 경계해야 할 것은 협상에 임하여 자신이 관철해야 할 확고한 목표를 가지지 못하는 것과 대충 아무렇게나 해도 달성할 수 있다는 안이한 목표를 갖는 것이다.

- 사전에 관련 자료와 정보를 파악한다. 유비무환이란 말은 세일즈 협상 준비를 두고 한 말이라고 할 수 있다. 중요한 세일즈 협상을 앞두고 관련된 정보와 자료를 수집하고 분석하여 대비하는 일은 아무리 해도 결코 지나침이 없을 것이다.

- 협상 진행 과정을 예측해 본다. 골프의 황제 타이거 우즈와 같은 세계적인 프로 스포츠 선수들은 시합을 앞두고 집중적인 이미지 훈련을 한다고 한다. 이미지 훈련이란 선수가 눈을 감고 마치 자신이 실제 상황에서 경기를 펼치고 있는 것처럼 상상의 세계에서 실제로 시합을 펼쳐보는 과정을 말한다. 이런 연습 과정을 통해 시합 당일에도 똑같은 원리로 자신의 모든 두뇌 구조를 다시 한 번 종합적으로 점검하고 단련할 수 있는 기회를 갖게 되는 것이다. 이런 원리는 세일즈 협상에도 그대로 적용할 수 있다. 중요한 협상을 앞두고 이미지 훈련을 해본다든지 아니면 실제 상황을 그대로 재연하여 모의 훈련을 해보는 것도 대단히 중요하다. 이런 철저한 사전 준비 과정을 거치면 무엇보다도 자신감과 여유를 가지고 협상 테이블에 나갈 수 있게 된다. 협상 담당자가 심적 여유와 자신감을 갖게 될 때 순간적인 순발력과 창의력도 자연스럽게 생겨날 수 있다.

- 유리한 물리적인 환경을 조성한다. 협상 장소와 날짜를 합의할 때는 가급적 우리 측에 유리한 방향으로 결정해야 한다. 협상 장소는 우리 측 사무실이나 가까운 장소가 좋다. 차선책으로 중립적인 제3의 장소에서 이루어질 수 있도록 하는 것도 좋은 방안이 될 수 있다. 협상 진행 일정이나 진행 방식도 가급적 우리 측에 유리하도록 최대한 노력해야 한다.

- 사전 접촉을 시도해 본다. 대부분의 협상에는 전화나 개인 접촉, 또는 이메일이나 서신 등 다양한 형태의 커뮤니케이션 방식

이 동원된다. 사람에 따라 직접 만나 설득하기보다 전화 등 매체를 통하는 것이 오히려 효과적인 경우도 있다. 그럴 때는 협상 테이블에 마주 앉기 전에 전화를 통하여 접촉을 시도해 보는 것도 좋다.

- 전화로 비즈니스 협상을 하려 할 때는 관련된 자료와 정보들을 사전에 충분히 검토하여 준비된 상태에서 전화를 걸어야 한다. 즉 상대방의 반응에 따라 어떤 대응 전략을 구사할 것인지에 대해 충분한 대비책이 마련되어 있어야 한다. 이런 사전 접촉을 통해 상대방이 어떠한 마음가짐과 준비 상태로 본 협상에 임하려 하는지를 알 수 있게 된다.

- 브레인스토밍을 해본다. 당면한 협상 과제를 놓고 해당 분야의 전문가들이나 동료들에게 자문을 구하고 함께 이야기해 봄으로써 여러 가지 창의적인 아이디어를 찾아낼 수 있다. 말하자면 주변 사람들의 두뇌나 아이디어를 활용하는 전략이다. 이런 방법을 통해 보다 폭넓고 다양한 시각으로 사태의 본질을 들여다볼 수 있게 되어 설득력 있는 대안을 마련할 수 있게 된다. 브레인스토밍을 할 때는 참가자들로 하여금 부담 없이 자신의 생각을 피력할 수 있도록 유도하여 관련된 모든 생각들이 가감 없이 표출될 수 있도록 해야 한다.

- 협상 결렬 시 차선책을 강구한다. 세일즈 협상에서 또 하나 중요한 것은 협상이 의도대로 이루어지지 않을 경우, 해결책은 무엇

인지 그 대비책을 강구해 보는 것이다. 협상에는 상대가 있기 마련이고 협상 상대가 언제나 자기 생각대로 따라주는 것은 아니기 때문이다. 협상 결렬 시에 대한 차선책을 강구해 봄으로써 협상 테이블에서 더욱 자신감을 가질 수 있게 된다. 우리 주변에서 이루어지는 비즈니스 협상들을 관찰해 보면 이런 대안을 가지고 협상 테이블에 임하는 쪽이 협상의 주도권을 잡게 되고, 그렇지 못한 쪽은 항상 상대방의 일방적인 요구에 말려들고 마는 것을 볼 수 있다. 이를테면 불경기에 대형 주문을 놓고 협상을 하는 경우, 세일즈맨이 이런 대안을 갖고 있지 않으면 가격이나 납기, 결제 조건 등 모든 면에서 최악의 조건으로 주문을 받게 된다.

- 심신을 관리한다. 협상의 날짜, 시간, 위치, 장소, 실내 환경 등 필요한 모든 정보를 사전에 확실하게 점검하고 대비하여 조금의 실수나 허점을 보이지 않는 것이 중요하다. 중요한 시합에 출전하는 선수가 시합 전에 허둥대는 모습을 보인다면 그 시합의 결과는 뻔하듯, 비즈니스 협상에서도 철저한 자기 관리가 요구된다. 특히 중요한 협상을 앞두고는 심신을 단련하고 충분한 컨디션 조절을 해야 한다. 협상에 임하여 외면적으로는 평화스러운 모습을 보이면서도 내면적으로는 장시간 극도의 긴장 상태를 유지하지 않으면 안 되기 때문에 고도한 지구력과 체력이 요구된다.

협상 진행 단계
- 협상 과제에 초점을 맞춘다. 협상 상대가 아닌 협상 과제에 초점

을 맞추게 되면 상대방과 불필요한 감정적 마찰을 피할 수 있고 사소한 이유로 협상의 본질에서 벗어나는 일이 없게 된다. 협상 과제에 초점을 맞춘다는 것은 상호 양보 교환을 통한 상생협상을 추구한다는 의미이기도 하다.

- 상대방의 체면을 지켜준다. 협상에서 상호 양보를 통한 윈윈 협상을 기대한다면 어떤 경우에도 상대방의 자존심이나 체면을 건드리는 일은 삼가야 한다. 상대방의 기분이나 감정을 상하게 한다면 상대방의 양보를 끌어내기 어렵다.

- 속단하지 않는다. 유태인의 상술에 "상담은 마지막 5분에 유의하라."는 말이 있다. 세일즈 협상에서 서로가 팽팽하게 맞서게 되면 전반부에서는 서로에 대한 탐색이 주류를 이루게 되고 대부분의 중요한 이야기는 상담의 후반부로 밀리게 된다. 바로 이런 이유 때문에 협상 결과를 섣불리 속단해서는 안 되며 끝까지 최선을 다해야 한다.

- 신뢰감을 유지한다. 세일즈 협상은 고도의 집중력과 인내력이 요구되는 일종의 심리 게임이다. 이런 심리 게임에서 상대방에게 성실성과 신뢰감을 심어주는 것은 대단히 중요한 협상 전략이라 할 수 있다. 세일즈 협상에서 상호간 불신의 벽에 부딪치게 되면 성공적인 협상은 불가능하게 된다. 물론 경우에 따라서는 상대방의 귀에 거슬리는 이야기나 반감을 불러일으킬 수 있는 말들을 할 수 있지만 어떤 경우에도 신뢰감을 떨어뜨리는 이야

기를 하거나 그런 행동을 보여서는 안 된다.

마무리 단계

- 협상 목표를 다시 한 번 점검한다. 세일즈 협상의 마무리 단계는 합의된 사항들을 합의서나 계약서 양식으로 만들어 최종적으로 서명 날인함으로써 합의된 내용들에 대한 실천 의무를 법적으로 담보하는 과정이다. 그러므로 다시 한 번 협상 목표와 협상 결과를 비교 검토하여 결정적인 오류나 간과된 사항이 없는지 확인해 보는 절차가 필요하다.

- 가급적 말을 적게 한다. 협상의 마무리 단계에서는 협상 당사자들 간에 자연스럽게 말수가 적어지는 현상이 나타나게 된다. 최종 합의를 앞둔 내용들에 대해 마지막으로 보완해야 할 사항들은 없는지 생각하는 데 주력하기 때문이다. 서로 활발히 대화를 하다가 갑자기 침묵하게 되면 비즈니스 협상 경험이 부족한 사람일수록 어색함을 깨뜨리기 위해 뭔가를 말하려 한다. 하지만 이는 협상의 마무리 단계에서 불필요한 실수를 유발할 수 있다.

- 이행 가능한 합의를 한다. 수많은 비즈니스 협상들이 계약서의 잉크가 채 마르기도 전에 원점으로 돌아가 다투는 경우를 볼 수 있다. 이런 경우는 거의 예외 없이 협상 당사자들이 협상 타결 자체에만 급급한 나머지 졸속으로 일을 처리했기 때문이다. 비즈니스 협상을 마무리하는 과정에서 협상 당사자들이 가장 유의해야 할 사항은 합의 사항들에 대한 실천과 이행 가능성이다. 현

실적으로 실천이 불가능한 사항들을 합의한다는 것은 서로 분쟁의 불씨를 키우는 일임을 자각해야 한다. 비즈니스 협상에서 졸속 합의를 피하기 위해서는 협상할 내용에 대해 사전에 충분한 검토와 준비를 거치는 것이 중요하다.

- 계약서 작성을 일임하지 않는다. 세일즈 협상 마무리 단계에서 작성되는 합의서나 계약서 작성 과정에는 당사자 본인이 직접 관여하는 것이 여러 가지 면에서 유리한 측면이 있다. 조항별 자구 표현이나 수치 등을 표시할 때 조금이라도 자기편에 유리한 쪽을 택할 수 있기 때문이다. 반면에 이런 과정을 상대방이나 제삼자에게 전적으로 맡겨버리면 위험에 노출되게 된다.

- 협상 결렬시 재협상의 여지를 남겨둔다. 협상을 마무리하는 과정에서 또 하나 유의해야 할 일은 재협상의 여지를 남겨두어야 한다는 것이다. 협상의 결과가 예상과는 다르게 절망적인 경우에도 협상 상대와 다시는 만나지 않을 것처럼 막말을 한다든지 하여 상대와의 관계를 더욱 악화시켜서는 안 된다.

협상의 주도권을 결정하는 요소

모든 협상은 협상 당사자끼리의 주도권 싸움이다. 세일즈 협상에서 주도권을 잡으려면 다음 요소들을 적극적으로 활용할 필요가 있다.

상대적 욕구(Relative Need)

거래의 성사를 보다 많이 필요로 하는 쪽이 협상에서는 약자가 되기 때문에 만약 정말로 거래의 성사를 절실하게 원한다 하더라도 자신의 절박한 욕구를 겉으로 드러내서는 안 된다. 자신의 욕구는 가능한 한 숨기고 상대방의 욕구가 어떠한지 파악한다.

권한(Authority)

만약 당신이 계약 조건을 바꾸거나 즉석에서 계약서에 서명할 수 있는 권한을 가지고 있다면 그것을 상대방에게 드러내어 상대로부터 최대한의 양보를 얻어내는 수단으로 사용할 수 있다. 자신의 권한을 상대방에게 확실히 인식시킨 상태에서 "만약 지금 결정하신다면~"라는 말을 한다면 상대로부터 무엇인가를 좀더 얻어낼 수 있을 것이다.

권한의 부재(Lack of Authority)

반대로 어떤 경우에는 권한이 없어서 이득을 보게 될 수도 있다. "만약 제게 그런 권한이 있다면 그렇게 해드리고 싶은데, 저에게는 권한이 없습니다."라고 하는 것은 아주 좋은 방어 전술이다.

시간적 압박감(Pressure)

세일즈 협상에서 시간에 쫓기는 쪽이 약자이다. 만약 당신이 시간적으로 여유가 있는 편이라면 일을 천천히 추진시키는 것이 유리하다. 반대로 당신이 급한 쪽이라 하더라도 절대로 그것을 상대방에게 드러내서는 안 된다.

지식과 정보(Knowledge and Information)

어떤 상황에서도 많은 지식과 정보는 힘이 된다. 지식과 정보가 많을수록 필요로 하는 자료와 통계에 더욱 빨리 접근할 수 있으며 사전에 준비를 많이 할수록 협상 중에 심리적으로 안정된다. 상대방에 관한 정보를 미리 알고 있으므로 그가 말하는 것의 사실 여부를 확인할 수 있고 예의 바르게 상대의 주장에 반박함으로써 상대의 협상력을 약화시킬 수 있다.

신뢰감(Credibility)

세일즈 협상을 진행하면서 고객에 대한 신뢰감 확보는 절대적으로 중요하다. 항상 사실과 수치인용 등을 통해 당신의 제안에 믿음이 가도록 노력하고 거짓말을 하지 않도록 한다. 당신이 진실을 너무 왜곡해서 상대방이 불신하게 해서도 안 되고 상대방도 신뢰감을 유지할 수 있도록 도와야 한다. 어떠한 경우에도 상대방의 감정을 상하게 하여 협상이 결렬되게 해서는 안 된다.

헌신적 자세(Commitment)

당신이 더욱 열성적으로 협상에 임하며 제안 사항들에 대한 이점들에 대해 확신이 강하면 강할수록 협상은 더욱 효과적으로 추진될 수 있다. 그러므로 당신은 제안 사항들이 가지고 있는 일반적, 내재적 가치뿐만 아니라 그것들이 상대에게 구체적으로 어떤 의미가 있는지 이해하고 있어야 한다. 협상의 성공이 당신에게 어떤 물질적인 보상을 가져다주지 않는다고 해서 결코 실망하거나 게을리 해서는 안 된다. 성공적인 협상의 결과는 당신에게 또 다른 성공을 위한 좋은 동기 부여가 된다.

투자(Investment)

그동안 협상을 위해 투자한 시간과 노력이 많은 쪽이 협상의 실패를 더 두려워하기 마련이다. 따라서 상대방으로 하여금 협상을 위해 많은 시간과 금전을 투자하도록 유도하고 상대에게 자신이 투자한 것을 깨닫게 한다면 당신은 협상에서 보다 유리한 고지를 선점하게 된다.

반대로 당신이 상대보다 많은 투자를 했더라도 약해지거나 위축되어서는 안 된다. 어떤 고객은 의도적으로 세일즈맨이 시간과 노력을 많이 투자하게 하여 자신이 유리한 위치를 선점하려 하기도 한다.

인간관계(Personal Relations)

협상을 진행하는 데 있어서 상대방과의 인간관계가 매우 중요한 변수가 된다. 만약 상대방이 당신에게 호감을 갖고 있다면 지나친 요구는 하지 않을 것이다. 반대로 당신이 상대방을 좋아한다면 보다 관대하게 대하고 싶을 것이다.

거래의 포기 암시(Willingness to Put the Deal at Risk)

잘못될 경우 거래를 포기해야 할 상황이 초래될 수 있으므로 매우 조심스럽게 구사해야 한다. 그러나 만약 당신이 더 이상 양보하기보다는 차라리 거래를 포기하겠다는 의도를 적절하게 보여줄 수만 있어도 당신의 입지는 강화된다.

인내, 끈기, 지구력(Patience, Persistence, Stamina)

상대방보다 지구력이 있어서 오래 버틸 수 있다면 상대방으로부터 최대한의 양보를 얻어낼 수 있을 것이다.

이점 및 제재(Benefits and Sanction)

협상의 양보 조건으로 어떠한 이점을 제시하거나 제재조항을 제시함으로써 협상의 주도력을 확보할 수 있다. 만약 회사 차원이 아닌 개인 차원에서 이런 조건들이 제시되면 이는 상대방에 대한 뇌물이나 압력의 수단으로 이해될 수 있기 때문에 유의해야 한다.

협상 변수의 개발

세일즈 협상에서 고객에게 양보 교환(concession trading)의 대상이 될 수 있는 것들은 모두 세일즈 협상의 변수가 될 수 있다. 예를 들어 고객이 특별 납기를 요구하고 있다면 세일즈맨은 새로운 협상 변수로서 생산 공기 단축을 위한 각종 조처 사항들과 그에 따른 비용 증가 요소들을 협상의 변수로 제시할 수 있을 것이다.

세일즈 협상에서 어떤 것들을 협상의 변수들로 활용할 수 있는가는 전적으로 협상 당사자의 창의력과 협상 능력에 달려 있다. 평소 당연하게 부담 없이 주고받던 것들도 협상 당사자의 관점 변화에 따라 협상 변수로 돌변할 수 있음을 유의해야 한다.

다음 리스트는 법인 영업(B2B)을 담당하고 있는 세일즈맨이 한 중소기업 대표와 세일즈 협상을 앞두고 양보 교환에 활용할 수 있는 모든 항목들을 열거해본 것이다. 세일즈 협상 담당자는 이와 같은 모든 협상 변수들에 대하여 어떤 조건으로 협상을 마무리할지 치밀한 계획을 가지고 협상에 임하지 않으면 안 된다.

- 단가 : 판매 단위, 결제, 통화, 할인율, 적용 방식 등을 감안하여 거래 단가를 어떻게 적용할 것이냐에 따라 협상의 결과는 달라질 수 있다.
- 계약 물량 : 구매 물량에 따라 협상 결과가 달라질 수 있다.
- 품질 : 품질 기준이나 규격에 따라 협상 내용이 얼마든지 달라질 수 있다.
- 원산지 : 국내산인지, 수입산인지 아니면 구체적으로 어느 나라 제품인지에 따라 협상 내용이 달라질 수 있다.
- 포장 : 포장 자체의 규격, 품질, 펙킹 및 포장 방식에 따라 협상 내용이 달라질 수 있다.
- 배송 : 육로냐, 해로냐 아니면 항공편이냐에 따라 협상 내용이 달라질 수 있다.
- 공법 : 최신 공법이냐, 재래식 공법이냐 아니면 어떠한 특별 공법을 채택했는가에 따라 협상 내용이 달라질 수 있다.
- 납기 : 정상적인 납기냐, 특별 납기냐에 따라 협상 조건이 달라질 수 있다.
- 결제 방법 : 현금 결제냐, 어음 결제냐 아니면 신용장 결제냐에 따라 협상 내용이 달라질 수 있다.
- 금융 : 금융조건, 기간, 상환 방법에 따라 협상 내용이 달라질 수 있다.
- 장기 계약 : 6개월 계약이냐, 몇 년 계약이냐에 따라 협상 조건

이 달라질 수 있다.

- 세일즈 지원 : 고객 소개 등 세일즈 활동 지원 내용에 따라 협상 내용이 달라질 수 있다.
- 기술 이전 : 어떤 기술을 어떤 방법과 어떤 조건으로 이전할 것인지에 대해 협상해야 한다.
- 교육 지원 : 어떤 교육을, 어떤 방법으로, 언제, 누구를 대상으로 진행할 것인지 협상해야 한다.
- 경영 지도 : 어떤 분야에서 무엇을 어떻게 할 것인지 등을 협상해야 한다.

물론 이런 협상의 변수들에 대하여 치밀한 사전 계획을 가지고 협상에 임한다 하여 모든 일이 마음먹은 대로 다 이루어질 수는 없을 것이다. 왜냐하면 모든 협상에는 상대가 있기 때문이다. 그러나 이런 세부적인 협상 지침을 가지고 협상에 임하는 것이 성공적인 세일즈 협상을 위한 지름길임을 명심해야 한다.

고객의 협상 전략에 대한 대응

고객과 세일즈맨은 협상을 통해 서로에게 유리한 거래 조건을 얻어내려 안간힘을 기울이게 된다. 대체적으로 고객은 자신의 유리한 조건을 활용하여 다음과 같은 다양한 형태의 협상 전략을 주도적으로 구사하려 한다.

예산 타령 전략(Budget Bluff)

"지금 예산이 이것뿐이므로 더 이상 가격은 불가능합니다."라고 말하는 협상 전략이다. 이 전략은 세일즈맨이 당장 사실 관계를 확인하기가 쉽지 않기 때문에 구매 담당자가 자주 쓰는 전략이다.

〈대응 전략〉

비즈니스 세계에는 공짜 커피가 없다. 원칙에 충실하자. 예산 부족을 언급할 정도로 귀하의 제안에 관심을 갖고 있다는 표시이다. 예산에 맞게 제품의 수량이나 사양을 조정할 것을 제안해 본다.

압박 전략(Squeeze)

경쟁사의 거래 조건을 언급하여 가격을 깎으려는 협상 전략이다. 이것은 가격 협상 시 구매 담당자가 많이 사용한다.

〈대응 전략〉

제안된 가격이 정당한지를 확인해 본다. 정당한 가격이면 경쟁사와의 차별성을 설명하면서 버틴다.

3각 경매 전략(Triangular Auction)

2~3개의 경쟁사의 거래 조건을 공개적으로 비교하는 협상 전략이다. 경쟁을 유도해 최저 가격을 얻어내려는 것이다.

〈대응 전략〉

고객의 의도에 말려들지 않는다. 경쟁업체간 공동 전선을 마련한다. 맨 나중에 조건을 제시한다.

회유 전략(Gentle Touch)

협상의 상대로서 대하는 것이 아니라 친한 친구처럼 접근해 오는 협상 전략이다. 회사의 내부 사정에 관해 특별한 정보를 주기도 하고, 당신의 입장도 잘 이해하는 척한다. 주는 척하면서 더 많은 것을 얻어내려는 전략이다.

〈대응 전략〉

공사를 구분하는 태도를 보인다. 고객의 회유를 듣는 척하면서 실속을 차린다.

미끼 전략(Trawling)

큰 물량을 구매할 듯이 이야기하여 가격을 깎아놓고 실제로는 소량을 주문하는 등의 협상 전략이다. 구매 담당자가 실제로 약속을 지키지 않는다 하더라도 현실적으로 세일즈맨이 취할 수 있는 대안이 없다는 데 문제가 있다.

〈대응 전략〉

대량 주문에 대해서는 주문 당시에 특별 가격을 주겠다고 약속한다.

지연 전략(Slow Boat)

협상을 의도적으로 지연시키는 전략이다. 세일즈맨으로 하여금 되도록 많은 시간과 노력을 투자하게 하여 구매조건을 보다 유리하게 가져가려는 전략이다.

〈대응 전략〉
지연 전술로 맞선다. 경고한다. 최종 일자를 제시한다.

선구매-후협상 전략(Buy Now-Bargain Later)
구체적인 거래 내용에 대한 협상은 나중으로 미룬 채 납품이나 생산을 유도한 후에 협상의 주도권을 확보하려는 전략이다.

〈대응 전략〉
회사의 규정과 관리자의 관리 지침 탓으로 돌린다.

호인-악인 연출 전략(Good Guy-Bad Guy)
두 사람이 팀을 짜서 한 사람은 비타협적인 악인 역할을, 한 사람은 우호적인 호인 역할을 하면서 자기들에게 유리한 방향으로 협상을 끌고 가는 전략이다.

〈대응 전략〉
이들을 무시하고 상급자를 만난다. 맞불 작전을 펼친다.

S·u·m·m·a·r·y

- 대부분의 세일즈는 협상 과정을 포함한다.

- 규모가 큰 거래일수록 고객 반론에는 세일즈 협상 기술이 필요하다.

- 비즈니스 협상은 상호 양보의 교환을 통해 상생 협력을 도모하는 과정이다.

- 세일즈를 잘하고도 마지막 협상에 실패하여 큰 주문을 놓치는 일은 없어야 한다.

- 협상의 전개 과정 전반에 대하여 이해하자.

- 비즈니스 협상은 주도권 싸움이다. 협상에서 주도권 확보를 위한 전략 전술들을 습득하자.

- 비즈니스 협상 결과에 영향을 미칠 수 있는 다양한 협상 변수들에 대해 극복해 나가는 방법을 개발하자.

- 세일즈 협상의 다양한 전략과 전술들을 습득하자.

- 비즈니스 협상의 성과는 사전 계획과 준비에 달려 있다.

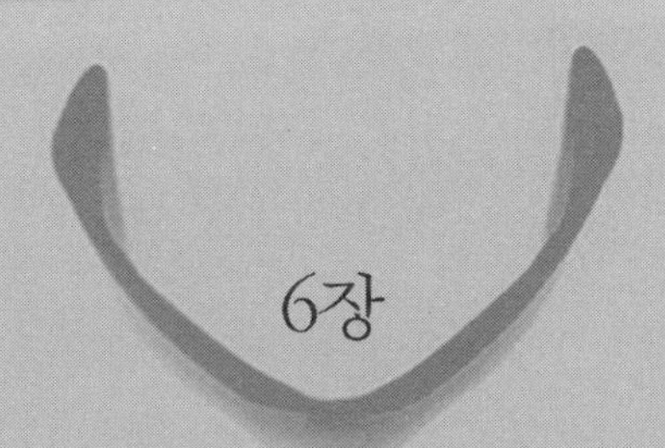

6장

CLOSING

세일즈 클로징

클로징 원칙

구슬이 서 말이라도 꿰어야 보배라는 말이 있듯이 세일즈맨이 세일즈의 모든 과정을 통해 프로다운 기량들을 유감없이 발휘했다 하더라도 클로징 순간에 실수를 하여 기대했던 주문을 놓쳐 버린다면 그동안의 모든 노력들이 수포로 돌아가고 만다. 그러므로 성공하는 프로 세일즈맨이 되려면 적절한 클로징 시점을 놓치지 않고 포착하는 능력과 고객들로 하여금 즐거운 마음으로 기꺼이 구매 결정을 내리도록 유도하는 클로징이 절대적으로 필요하다.

필자의 경험에 의하면 대부분의 국내 세일즈맨들은 다음과 같은 측면에서 클로징이 취약한 것으로 나타났다.

- 제안 설득을 하고서도 구매 결정을 요청하지 않는다.
- 고객의 구매 의사 표시와는 상관없이 구매 결정을 요청한다.
- 클로징 단계에서 지나치게 저자세를 취한다.
- 처해진 상황에 맞는 적절한 클로징을 효과적으로 구사하지 못한다.
- 클로징 단계에서 거절을 당하면 쉽게 포기해 버리고 다시 설득하지 않는다.

능수능란한 클로징은 프로세일즈맨으로서 갖추어야 할 필수 요건이다. 세일즈에 있어서 클로징 순간은 고객과 세일즈맨 간에 심리적으로 매우 민감한 기류가 형성된다. 이런 클로징 순간에는 자칫 잘

못하면 돌이킬 수 없는 방향으로 사태가 전개될 수도 있기 때문에 내심 긴장하지 않으면 안 된다.

세일즈에서 클로징을 구사하는 시점과 방법은 세일즈맨과 고객 사이에 전개되고 있는 세일즈 상황에 따라 달라져야 한다. 대체로 거래 금액이 그다지 높지 않은 규격 제품의 경우는 보다 적극적으로 클로징을 시도하는 것이 좋다. 그러나 거래 금액이 높은 컨설팅 세일즈의 경우는 보다 신중한 대처가 요구된다. 왜냐하면 자칫 불필요한 클로징 때문에 오히려 부작용이 생길 수도 있기 때문이다.

실제로 전문가들의 연구 조사에 의하면 불필요한 세일즈 클로징의 남발로 세일즈의 효율성이 급격히 떨어지는 경우가 많다고 한다. 이런 현상은 거래 단가와 금액이 크고 거래 내용이 복잡한 경우에 더욱 심하게 나타날 수 있다.

클로징을 남발하지 말라

손자병법에는 싸우지 않고 이기는 전략이 최고의 전략이라고 쓰여 있다. 이러한 원리는 세일즈의 클로징 과정에도 그대로 적용된다. 말하자면 세일즈맨이 클로징을 하기 전에 고객이 스스로 구매 결정을 내리도록 유도한다는 뜻이다.

인간은 누구나 자기 자신이 주도자가 되고 싶어하는 욕망을 가지고 있다. 똑같은 일도 남이 시켜서 하기보다는 자기 스스로 결정해서 하는 것을 더 좋아한다. 고객들은 세일즈맨의 일방적인 클로징 때문에 무엇을 강요받고 있다거나 또는 조종당하고 있다는 느낌을 받을 수도 있다. 그러므로 유능한 세일즈맨이 되려면 이런 일이 일어나지 않도록 대비해야 한다. 이런 일들은 다음과 같은 상황에서 흔히 발생할 수 있으므로 각별한 주의가 요구된다.

- 거래 금액이 크고 내용이 복잡하며 구매 결정이 쉽지 않은 경우
- 고객이 노련한 경륜가인 경우
- 상호 신뢰와 유대 관계가 구축되어 있지 않은 경우

과거에 쓰인 대부분의 세일즈 관련 서적들을 보면 세일즈 클로징에 지나치리만큼 많은 비중을 두고 있다. 과거에는 세일즈맨들이 제품의 특장점을 설명하면서 고객들로부터 합의를 얻어내는 클로징 과정을 가장 중요시했기 때문이라고 여겨진다.

실제로 전문가들의 연구 조사 결과, 거래 단가가 그다지 높지 않는 규격 제품의 경우 클로징을 구사하는 기술 수준과 빈도수에 따라 거래량이 비례해서 늘어나는 현상을 보여주고 있다.

그러나 오늘날과 같은 고객 중심의 세일즈 환경에서는 이런 원리가 통하지 않는다. 왜냐하면 고객 스스로 자신의 욕구와 당면 과제가 해결되었다는 확신이 서지 않으면 어떠한 결정을 내리려고 하지 않기 때문이다. 세일즈맨이 고객에게 결정을 강요하기 전에 고객 스스로 자신의 욕구가 충족되었다고 느끼게 하려면 세일즈 활동의 전 과정에서 고객의 구매 활동을 돕기 위한 컨설팅 형태로 진행하지 않으면 안 된다. 지금까지 고객 중심의 컨설팅 세일즈 활동의 중요성을 거듭 강조하고 있는 이유도 바로 여기에 있다.

 당신의 세일즈를 페이백에 담아라

이상적인 세일즈 클로징

흔히 세일즈 클로징 과정을 축구 경기의 골 결정력에 비유하곤 한다. 축구 선수가 골을 넣어야 할 결정적인 순간에 헛발질만 해댄다면 미들 필드에서 아무리 화려한 경기를 펼쳤다 한들 무슨 소용이 있겠는가? 마찬가지로 세일즈맨이 고객을 만나 제아무리 관심을 잘 끌고 질문을 잘하고 제안 설득과 반론 극복을 잘한다 하더라도 클로징 과정에서 주문을 제대로 받지 못한다면 아무런 소용이 없게 된다. 그러나 축구에서 골 넣는 것이 중요하다고 해서 되지도 않을 슈팅을 남발하는 선수가 있다면 그 또한 실격감이다.

이런 원리는 세일즈에서도 그대로 적용된다. 세일즈맨이 고객을 만나는 순간부터 주문을 유도하고 강요하는 것은 과거와 같은 공급자 중심의 시장 환경(seller's market)에서는 통할 수 있었지만 지금과 같은 고객 중심의 시장 환경에서는 결코 통하지 않는다.

세일즈는 고객으로 하여금 당면 과제와 욕구를 인식하게 하여 해결책을 마련하도록 하는 과정을 돕고 지원하는 활동이다. 어떤 경우에도 세일즈맨은 고객에게 확실한 가치를 제공하지 못하는 제품을 팔려고 해서는 안 된다. 만약 이렇게 하는 세일즈맨이 있다면 그는 진정한 의미의 프로 세일즈맨이 아니다.

이런 관점에서 본다면 세일즈 클로징 과정은 축구의 골 결정력에 비유되기보다는 아기의 출산을 돕는 산파술에 비유되어야 할 것이다. 제대로 된 세일즈 클로징이란 고객에게 무엇을 억지로 강요하는 것이 아니라 고객이 자신의 내면세계에 가지고 있는 욕구들을 끄집어내게 하여 스스로 충족하는 과정이기 때문이다.

세일즈 클로징시 주의사항

세일즈의 클로징 과정은 그동안 세일즈맨이 기울인 노력들에 대한 대가를 되돌려 받는 중요한 순간이다. 고객의 입장에서도 클로징 과정은 매우 중요한 결정적 순간이다. 서로에게 민감한 이 순간에는 세일즈맨의 사소한 실수도 대세를 그르칠 수 있게 된다. 성공적인 세일즈 클로징을 위해 다음과 같은 사항들에 각별히 유념하자.

소탐대실하지 말자

클로징 과정에서 특별히 유의해야 할 것은 눈앞의 작은 이익 때문에 일반적인 상식과 상도의를 벗어나는 일이 없도록 해야 한다는 것이다. 고객에게 합당한 대가를 요청하고, 지킬 수 없는 약속(over selling)은 절대 하지 말아야 한다. 또한 모든 거래를 정직하고 투명하게 해야 한다.

세일즈 클로징 과정에서 사소한 이해관계에 집착한 나머지 고객을 위한 가치 창조에 역행하는 행위를 함으로써 향후 더 큰 비즈니스를 놓치는 일이 없어야 한다.

당당하게 요청하자

대부분의 세일즈맨들은 클로징 과정에서 지나치게 소극적인 경향이 있다. 하지만 세일즈 클로징은 고객에게 주문을 구걸하는 순간이 아니다. 세일즈 클로징은 상생을 위한 합의를 촉구하는 과정이다. 오늘날의 세일즈는 이제 더 이상 갑과 을의 관계가 아니라 상호 의존과 협력을 통한 상생의 관계가 되고 있다. 따라서 세일즈맨은 세일즈 클로징에 당당해질 필요가 있다.

서두르지 말고 마지막 순간까지 경청하자

세일즈 클로징 단계에서 의외로 세일즈맨이 서두르기 때문에 일을 그르치는 경우가 많다. 고객들은 세일즈맨들과의 상담 과정에서 대체적으로 소극적이고 방어적인 심리 상태를 갖기 마련인데, 이때 그동안 담아두었던 생각들을 클로징 과정에서 한꺼번에 쏟아내게 된다. 바로 그런 이유 때문에 클로징 단계일수록 고객의 이야기를 더욱 적극적으로 경청해야 한다.

클로징 단계에서 고객의 일거수일투족을 면밀히 관찰하고 그들이 던지는 말 한 마디를 지나치지 말고 잘 곱씹으면 그들이 구매를 통해 진정으로 바라는 바를 들여다볼 수 있게 된다. 이와 반대로 고객으로부터 오로지 한 건 주문만을 유치하기 위해 수단 방법을 가리지 않는다면 그 결과는 실패로 치닫고 말 것이다.

고객의 결정을 정당화시켜 주자

고객은 자신이 내린 결정 사항들에 대해 불안감을 갖게 마련이다. 가격이나 품질, 결제 조건, 납기 등 거래 조건들은 합당한지, 더 좋은 대안은 과연 없었는지, 너무 서둘러 졸속하게 일을 처리하지는 않았는지 등 이런저런 복잡한 생각을 하면서 고민에 빠져들게 되는 것이다. 바로 이럴 때 세일즈맨은 고객들의 고민을 덜어줄 수 있어야 한다.

말하자면 그들이 내린 구매결정의 정당성을 또다시 확인시켜 줌으로써 그들이 심리적 불안 상태에 빠질 수 있는 원인을 제거해 버리는 것이다. 이를테면 고객의 탁월한 선택과 현명한 판단을 축하한 다는 말과 함께 악수를 청하는 것도 좋은 방법이 될 수 있다. 또한 계약 성사와 동시에 고객 접촉과 서비스를 더욱더 강화함으로써 고 객이 자신의 결정에 대해 확신을 가질 수 있도록 해야 한다.

주문을 받을 때는 온갖 감언이설을 늘어놓으면서 무엇이든 다해 줄 것처럼 하다가도 일단 고객으로부터 주문을 받고 나서는 함흥차 사가 되어 버리는 우리의 세일즈 문화는 하루 속히 시정되어야 한다. 세일즈맨들의 이런 잘못된 관행과 습관들은 고객들로 하여금 주문 결정을 내리고 돌아서는 순간부터 뭔가 불안하게 하고 후회하게 만 든다.

구매의사 표시에 유의하자

구매의사 표시는 세일즈맨이 제안 설득한 내용에 대해 고객으로 부터 수용할 의사가 있음을 알리는 일종의 메시지이다. 구매의사 표 시는 말로 전달되는 언어적인 것과 신체적 표현을 통해 전달되는 비 언어적인 것, 두 종류로 구분할 수 있다.

예를 들어 고객이 한동안 가격 및 거래조건에 대해 끈질기게 물어 오다가 갑자기 애프터서비스와 같은 부차적인 것들에 대해 묻는 경 우가 있다. 이것은 언어적인 구매의사 표시이다. 그리고 내내 무신 경한 표정으로 세일즈맨의 이야기를 듣고 있던 고객이 갑자기 세일 즈맨 쪽으로 가까이 다가앉는 경우가 있는데 이것은 일종의 신체적 인 구매의사 표시이다.

세일즈 클로징은 고객으로부터 이런 구매의사 표시가 확인된 이 후에 지체 없이 이루어져야 한다. 속담에 '쇠뿔도 단김에 빼라'는 말이 있는데 이것은 세일즈 클로징을 두고 한 말이라고 할 수 있다. 말하자면 세일즈맨의 설득에 대해 고객이 어느 정도 공감하고 수긍하고 있다는 정황을 포착하고 나서 시의적절하게 클로징을 걸어야 한다는 것이다.

구매의사 표시가 있기도 전에 너무 일찍 클로징을 시도하는 세일즈맨이 있는가 하면, 구매의사 표시가 분명히 있었음에도 이를 포착하지 못해 타이밍을 놓치는 부류도 있다. 첫 번째 경우는 자기 중심적 사고에 빠져 자기 마음대로 밀어붙이려는 성향을 가진 세일즈맨들에게 흔히 나타나는 현상이며, 두 번째 경우는 아직 세일즈 경험이 없고 커뮤니케이션 기술이 부족한 초보 세일즈맨들에게 잘 나타나는 현상이다.

쉽게 포기하지 말자

세일즈 클로징 과정에서 고객이 부정적인 반응을 나타낼 때 너무 쉽게 모든 것을 포기해 버리는 사람들이 있는데 이것은 세일즈의 원리와 고객의 심리를 잘 모르기 때문에 나타나는 현상이라 할 수 있다.

세일즈에서 고객의 관심을 끌고 욕구를 파악한 다음, 고객에게 제안 설득을 하고 클로징을 하는 단계에까지 이르렀다는 것은 이미 그 자체만으로도 대단한 의미가 있는 것이다. 마지막 순간에 세일즈맨의 생각대로 속 시원하게 결정을 내릴 수 있다면 좋겠지만 대부분의 경우 다양한 이유로 그렇게 되지 않는 것이 냉엄한 현실이다.

특히 고객이 이런저런 이유로 논의 중인 구매 건에 대하여 아직 확신을 가지고 있지 못한 상태에서 세일즈맨으로부터 가부간의 입장 표시를 요구받게 되면 인간의 자기 방어 본능에 의하여 긍정적인 쪽보다는 부정적인 대답을 하게 마련이다. 이럴 때 고객의 대답을 곧이곧대로 듣고 지금까지 기울인 모든 노력을 원점으로 되돌린다는 것은 프로 세일즈맨으로서 취해야 할 행동이 아니다. 도대체 무엇이 문제인지 곰곰이 따져보고 창의적인 대안을 마련하여 다시 클로징을 시도해 보아야 한다.

물론 이때 무엇이 문제인지 정확히 알아내는 것이 최우선 과제이다. 이를 위해서는 고객에게 직접 그 이유를 물어볼 수도 있지만 자칫 잘못하면 엉뚱한 방향으로 불꽃이 튀어 일을 그르칠 수도 있기 때문에 여간 조심스럽게 접근하지 않으면 안 된다.

이럴 때 고객의 신뢰를 전제로, 고객에게 해결책을 직접 물어보는 것도 하나의 방안이 될 수 있다.

S·u·m·m·a·r·y

- 세일즈에서 클로징의 중요성은 세일즈 환경과 처해진 상황에 따라 다르게 나타날 수 있다.

- 지난날과 같은 공급자 중심의 세일즈 상황이나 단순 규격 제품들을 불특정 다수의 고객들을 상대로 하는 매장 판매의 경우에 있어서는 적극적인 클로징이 요구된다.

- 대형 주문이나 프로젝트 성 비즈니스를 판매하는 컨설팅 세일즈 활동에서는 클로징 이전 단계에서 최선을 다하면 클로징은 저절로 이루어진다.

- 컨설팅 세일즈에서의 클로징은 산파술에 비유될 수 있다

- 클로징을 제대로 구사하지 못하는 것은 거절에 대한 두려움과 자신감의 결여에서 오는 경우가 대부분이다.

- 세일즈의 성과는 세일즈 클로징의 승률에 정비례하므로 클로징을 연마하자. 세일즈 클로징에도 다양한 감성 기술이 요구된다.

클로징 기법

세일즈 클로징은 고객과 세일즈맨 쌍방간에 이루어지는 일종의 심리 게임이다. 이 과정에서는 보통 서로의 심리 상태가 긴장 국면에 돌입되어 있으므로 극도로 신중하고 숙련된 접근이 요구된다. 현대적 의미의 세일즈 발상지라 할 수 있는 미국에서도 20세기 말까지 출판된 대부분의 세일즈 교본들은 세일즈의 클로징 과정에서 고객들의 마음을 심리적으로 압박하고 자극하는 세일즈 화법들에 초점이 맞추어져 있다. 이것은 그동안 광대한 시장에서 적극적이고 공격적인 카우보이 식 세일즈 활동을 펼쳐온 그들의 관행과 문화와도 관련되어 있다고 볼 수 있다. 어쨌든 인간 심리와 행동 과학에 기초를 둔 이런 미국식 세일즈 클로징은 세일즈 활동의 효율성과 생산성을 높이는 측면에 크게 기여한 것도 사실이다.

그러나 오늘날과 같은 고객 중심적 상황에서는 더 이상 이런 고압적 클로징은 통하지 않는다. 말하자면 세일즈 클로징에 대한 개념이 종래의 밀어붙이기식 수주 개념에서 이제는 고객으로 하여금 보다 정확한 의사 결정을 내릴 수 있도록 돕고 지원하는 개념으로 바뀌었다는 뜻이다. 이제 세일즈 클로징은 더 이상 세일즈맨들만을 위한 축배의 장이 아니라 고객들의 가치 실현이 존중되는 쌍방 모두를 위한 승리의 장이 되어야 한다.

다음에 제시되는 6가지 세일즈 클로징 기법도 대부분 이런 원리에 기초하고 있다. 이것은 어느 특정 개인의 아이디어라기보다는 인류가 공동으로 찾아낸 지혜라고 할 수 있다. 이 기법들을 익혀 일상

의 세일즈 활동에서 효과적으로 활용하는 사람은 그만큼 생존 경쟁
에서 앞서가게 된다.

선택 기법

선택 기법(Alternative close)은 한 가지 안이 아닌 복수 안을 제시함으
로써 고객으로 하여금 최종 안을 선택하도록 유도한다. 이 과정에서
고객은 의사 결정권에 대한 일종의 주인의식(decision ownership)을
갖게 된다. 인간은 본능적으로 남으로부터 강요받기보다는 스스로
무엇을 선택하고 결정하는 것을 좋아한다. 고객의 관점에서 보다
큰 만족과 가치를 확신할 수 있는 하나의 안과 그와 대비되는 또 하
나의 안을 동시에 제시함으로써 고객으로 하여금 보다 쉽게 결정을
내릴 수 있도록 하는 것이다. 이때 주의해야 할 것은 제안하는 내용
에 대해 고객이 아직 잘 모르고 있는 것들은 포함하지 않도록 해야
한다.

(실 례)

"사장님께서는 본 광고가 이 달에 게재되는 되는 것을 원하십니까? 아니
면 다음달이 좋겠습니까?"

"저희 판단으로는 2일 과정으로도 사장님이 원하시는 교육 목표 달성이
가능하리라 믿습니다만 사장님께서는 3일 과정과 2일 과정 중 어느 쪽을
택하시겠습니까?

이 선택 기법은 고객이 기대하고 있는 해결책들을 완벽하게 파악하고 고객으로부터 구매의사 표시를 포착한 후에 하는 것이 효과적이다. 말하자면 고객이 원하는 것과 다른 대안들을 제시할 수도 있고, 고객은 아직 자신이 원하는 바가 무엇인지 구체적으로 생각해 보지도 않았는데 최종적인 선택을 강요하는 오해를 불러일으킬 수도 있기 때문이다.

요약 기법

요약 기법(Summary close)은 지금까지 제안 설득한 내용 중에서 고객에게 민감한 핵심사항들을 다시 한 번 요약해 줌으로써 고객의 구매 동기를 자극하고 의사 결정을 촉진한다. 인간은 누구나 자기 중심적이다. 세일즈맨 입장에서 고객에게 제시할 수 있는 모든 내용을 일목요연하게 빠짐없이 다 설명했다 하더라도 고객의 입장에서 민감하게 받아들일 수 있는 핵심 사항들을 다시 한 번 조목별로 확인해줄 필요가 있다. 왜냐하면 세일즈맨의 이야기를 고객이 그대로 이해하고 기억하고 있기란 쉽지 않기 때문이다.

(실 례)

귀사의 경우, 특별 DC 10%의 혜택을 드리기로 했습니다. 그 대신 결제 조건은 물품 인도 시 대금을 지불하는 것입니다. 납기는 특별히 2개월로 약속 드렸습니다.

교육의 성과 문제는 더 이상 염려하지 않으셔도 될 수 있도록 제도적인 방법을 통해 보장해 드리겠습니다. 구체적인 교육 내용과 일정, 진행 방법 등에 대해서는 기본 합의서에 포함시키기로 했습니다. 그 밖에 추가 논의가 필요한 것이 있습니까?

요약을 할 때는 고객에게 큰 이득을 제공하게 되는 사항이나 고객이 중요하게 생각하는 관심사항들을 먼저 열거하고, 그렇지 못한 사항들은 가급적 뒤로 돌리거나 아니면 간략하게 언급하는 것도 좋은 방법이다. 그러나 어떤 경우에도 사실을 왜곡한다든지 과장함으로써 고객으로 하여금 오판을 불러일으킬 수 있는 비신사적인 행위는 삼가야 한다.

또한 요약을 할 때는 상대방의 눈높이에 맞춰 알기 쉽고 판단하기 쉽게 해야 한다. 복잡한 통계 자료나 도면이 들어가는 경우에는 도표나 그림 등 판매 도구를 함께 활용하는 것도 좋은 방법이다. 그러나 어떤 경우에도 요약 내용을 다시 설명해야 할 정도로 지리멸렬해서는 안 된다. 요약은 간결하면서도 핵심 내용들을 빠짐없이 담고 있어야 하며 고객 입장에서 신속한 구매결정을 내릴 수 있도록 유도하는 내용을 담고 있어야 한다.

증거 제시 기법

고객이 최종 결정을 내리지 못하고 있는 이유는 뭔가 아직 불안하고 미덥지 못한 측면이 있기 때문이다. 이럴 때 고객이 의심하는 부분을 해소시켜 줄 수 있는 결정적 증거를 제시하는 기법이다. 예를 들어 아직 품질 수준이나 실용성에 대해 의심하는 고객에 대해서는 공인된 기관에서 발급하는 품질 보증서나 인증서 등을 보여 준다든지 품질 기준이 까다로운 업체들과 거래한 실적들을 보여주는 것과 같은 것이다.

사장님께서도 잘 아시는 L상사 박 사장님도 똑같은 고민을 하시다 결국 저희와 바로 어제 계약을 체결하셨습니다. 직접 확인해 보셔도 좋습니다.

귀사에서도 알고 계시는 P사와도 지난달 비슷한 내용의 교육을 성공적으로 수행한 바 있습니다.

저희 제품은 납품 기준이 까다롭기로 유명한 미국 항공 우주국에도 지난 3년간 많은 물량을 납품한 실적을 가지고 있습니다.

위 예들에서도 볼 수 있듯이 고객에게 제시된 증거는 재론의 여지가 없을 정도로 객관성과 확실성이 있어야 한다. 필요한 경우 고객이 직접 제시된 증거 자료를 확인해볼 수 있도록 한다면 더욱더 효과가 있을 것이다. 그러나 이럴 때 관련성이 낮은 엉뚱한 증거 자료를 제시한다든지 너무 지나칠 정도로 많은 자료를 제시함으로써 자칫 불필요한 오해나 추측을 불러일으키는 일이 발생되지 않도록 해야 한다.

증거를 제시할 때는 증거 자료의 내용도 중요하지만 그에 못지않게 어떤 시점에서 어떤 형태로 할 것인지 방법과 기술의 문제도 대단히 중요하다. 말하자면 고객이 다른 일로 세일즈맨의 이야기에 별

관심을 기울이지 않고 있을 때, 그것도 밋밋한 방법으로 지나가는 얘기처럼 속삭이고 말 것인지, 아니면 고객의 관심과 기대를 최대한 고조시킨 다음 극적인 방법으로 공개할 것인지의 문제인 것이다. 이를테면 신차를 발표하는 모터쇼 장에 가보면 팡파르를 울리면서 그 위용을 나타내기 전까지는 신차를 철저한 베일 속에 가려놓고 보관하는 것과 같은 이치라 할 수 있다.

가정 기법

가정 기법은 고객이 이미 마음속으로 구매 결정을 내렸다고 가정하고 다음 단계로 필요한 행동을 옮겨가면서 고객의 반응을 살피는 클로징 기법이다. 성격이 우유부단하여 결정을 쉽게 내리지 못하는 고객들에게 매우 효과적인 방법이라 할 수 있다.

이 기법은 고객의 반응을 시험해 본다는 의미로 일명 테스트 클로징이라 부르기도 한다.

(실 례)

대금 결제는 현금으로 하시겠습니까? 그리고 교육장은 사내 교육장으로 하시겠습니까, 아니면 회사에서 다소 떨어진 외부 교육장으로 하시겠습니까?

예에서 볼 수 있듯이 세일즈맨은 고객이 선호하고 있을 법한 해결책을 슬쩍 던져놓고 반응을 체크하는 것이다. 이 반응 확인 과정을 통해 세일즈맨은 그 다음 단계의 클로징을 위한 정보를 수집할 수 있게 된다. 그러나 아직 고객에게 돌아갈 이점과 혜택에 대해 충분한 설명이 이루어지지 않은 상태에서 이런 식의 클로징을 남발하게 되면 세일즈맨의 진실성에 대해 부정적인 영향이 미칠 수 있으므로 신중하게 처리하지 않으면 안 된다.

양보 기법

인간은 누구나 이기적이며 고객은 누구나 조금이라도 더 유리한 조건으로 구매하려 한다. 이런 고객들의 욕구가 고객 반론이나 불평의 형태로 나타난다. 양보 기법은 고객이 반론을 제기하면서 구매 결정을 유보하려 할 때 약간의 양보나 상호 양보의 교환 과정을 통해 클로징하는 것이다. 양보기법을 활용하려 할 때는 일방적인 양보가 아니라 반드시 양보를 교환해야 한다. 고객은 내심 세일즈맨으로부터 특별한 대우를 받고 싶어 한다. 세일즈맨은 고객에게 어떤 것들을 양보하고 그에 대한 대가로 무엇을 돌려받을 수 있는지 생각해 보아야 한다. 세일즈맨의 입장에서 가장 이상적인 양보의 교환은 고객에게는 높은 가치가 있으나 자신에게는 그다지 부담이 되지 않는 방식으로 양보를 교환하는 것이다. 이러한 전략은 사람에 따라 또는 회사에 따라 추구하는 가치와 당면 과제들이 각기 다르기 때문에 충분히 가능한 일이기도 하다.

양보 기법을 사용할 때 또 한 가지 염두에 두어야 할 것은 어떠한 경우에도 너무 쉽게 양보를 해서는 안 된다는 것이다. 고객의 입장에서 세일즈맨이 너무 쉽게 일방적으로 양보를 해버리면 고맙다는 생각보다는 당연한 대가를 받은 것으로 느껴지기 때문이다.

귀사의 경우, 특별히 납기를 3개월로 단축해 드리겠습니다. 그 대신 결제 조건은 현금 지불 조건으로 해주시지요.

이번 주 안으로 결정을 내려주시면 5%의 특별 할인 혜택을 드리도록 하겠습니다.

양보 기법은 고객의 구매욕구와 동기가 확인되고 거래조건만 맞으면 고객의 입장에서도 가급적 구매를 하려고 하는 것이므로 매우 효과적인 클로징 기법이라 할 수 있다. 말하자면 고객의 구매욕구와 세일즈맨의 판매욕구가 비슷하게 맞아떨어지는 상황이기 때문에 고객으로부터 주문을 받을 수 있느냐, 없느냐는 전적으로 세일즈맨의 협상 능력에 달려 있다고 할 수 있다.

고객에게 무엇을 양보하느냐 하는 것도 중요하지만 그에 못지않게 어떻게 양보하느냐 하는 세일즈 협상 기술 또한 대단히 중요하다. 거의 대부분의 세일즈는 반론 극복 과정이나 클로징 과정을 전후하여 세일즈 모드에서 협상 모드로 전환된다. 그러므로 유능한 세일즈맨이 되려면 세일즈 스킬은 물론 세일즈 협상 스킬에도 뛰어나지 않으면 안 된다.

압박 기법

압박 기법은 고객에게 일종의 심리적 압박을 가하는 카우보이 식 클로징 기법이다. 세일즈는 결국 세일즈맨과 고객 간에 펼쳐지는 심리 게임이기 때문에 필요하다고 판단될 때 조심스럽게 고객의 주의를 환기시키기 위한 심리적 자극이 필요하다. 그러나 어떤 경우에도 사실을 날조하거나 왜곡함으로써 고객으로 하여금 오판을 내리도록 해서는 안 된다. 여기서 말하는 압박의 의미는 고객을 위협한다든지 고객에게 겁을 준다는 의미가 아니라 고객이 미처 알지 못하고 있거나 잊고 있는 사실들에 대해 환기시켜 준다는 의미이다.

실 례

"오늘 중으로 결론을 내리시지 않으시면 저희가 약속한 추가 DC 조항은 자동 취소됩니다."

"귀사의 영업 성수기와 교육 일정을 겹치지 않게 하려면 늦어도 이번 주 안으로는 결정을 내려주셔야 합니다."

이 압박 기법을 활용하려 할 때는 고객의 유형과 상담 분위기를 감안하여 매우 조심스럽게 해야 한다. 오늘날과 같은 고객 중심 시대에는 자칫 잘못하면 큰 반감을 불러일으킬 수 있기 때문이다. 압박 기법을 꼭 써야 할 필요가 있다고 판단될 때는 전후좌우를 잘 설명하여 불필요한 오해와 반감을 불러일으킬 수 있는 여지를 미리 제거하는 것이 좋다. 그리고 그런 사실들을 객관적으로 증빙할 수 있는 자료들을 함께 보여주는 것도 좋은 방법이다.

세일즈 클로징 단계에서 고객과 세일즈맨 사이에 이루어지는 다음의 대화를 읽고 지금까지 설명한 6가지 세일즈 클로징 기법 중에 어떤 기법이 효과적일지 생각해 보자.

〈연습 1〉

고객 : 예, 말씀 잘 들었습니다. 우선 귀사의 제품을 지금 꼭 선정해야 하는지 다시 한 번 따져보고 필요하면 연락을 드리겠습니다.

세일즈맨 : ....

〈연습 2〉

고객 : 이 제품에 대해서는 향후 2년간 품질보증을 해준다고 하셨지요?

세일즈맨 : 물론입니다. 또한 저희는 완벽한 서비스 지원 체제를 갖추고 있어서 그 점에 대해서는 염려하지 않으셔도 됩니다.

고객 : 이번 건도 지금까지의 관례대로 처리됩니까?

세일즈맨 : 지불 조건이라면 당연히 그렇게 해야지요.

고객 : 그래요.

세일즈맨 : ....

〈연습 3〉

세일즈맨 : 우리 기술진은 이 분야에 오랜 경험과 공인된 자격들을 가지고 있기 때문에 그 일을 안전하고 효과적으로 처리할 수 있습니다.

고객 : 시간은 어느 정도 걸릴까요?

세일즈맨 : 작업 환경에 따라 어느 정도 좌우되지만 약 8~10일 정도로
　　　예상됩니다. 그 정도면 괜찮겠습니까?

고객 : 네, 좋습니다.

세일즈맨 : 그럼 언제 그 일을 시작할까요?

고객 : 아직 결정을 못했습니다. 저는 중요한 결정은 시간을 두고 생각해
　　　보는 습관이 있습니다.

세일즈맨 : ……………………………………………………………………

〈연습 4〉

세일즈맨 : 그뿐만이 아니고 사장님께서 우리 제품을 사용하시면 6개월
　　　내에 매출액이 10% 이상 늘게 될 것입니다.

고객 : 물론 그렇게 기대합니다. 그러나 매출이 는다고 이익도 늘겠습니
　　　까?

세일즈맨 : 매출이 늘면 이익도 당연히 늘게 되어 귀사에 그만큼 이득이
　　　되지 않을까요?

고객 : 오해하지 마세요. 물론 저도 매출이 늘면 이익도 늘기를 바라지요.
　　　당신의 말대로라면 좋은 가격으로 출하하여 이익을 볼 수 있도록 해준
　　　다는 뜻인가요?

세일즈맨 : ……………………………………………………………………

〈연습 5〉

세일즈맨 : 이 자료를 보시면 귀사가 우리 제품을 사용하게 되면 생산성
　　　이 얼마나 증대될지 확인되지 않습니까?

고객 : 음, 그런 것 같군요.

세일즈맨 : 결국 중요한 것은 1인당 생산성을 극대화하는 것이라고 생각
　　　합니다. 그렇지 않습니까?

고객 : 그야 물론 그렇지요.

세일즈맨 : ……………………………………………………………………

〈연습 6〉

고객 : 더 이상 가격을 인하할 수 없습니까?

세일즈맨 : 현재의 주문량으로는 그렇습니다. 만약 물량이 2배로 늘어난
　　　다면 추가 DC를 생각해 볼 수 있습니다.

고객 : 물론 물량을 늘릴 수는 없습니다. 그 이상의 물량은 우리에게 필요
　　　없으니까요. 하지만 현재의 공급선인 OO사에서는 그 정도의 물량에도
　　　특별 가격으로 해주고 있습니다.

세일즈맨 : ……………………………………………………………………

S·u·m·m·a·r·y

- 클로징은 고객으로부터 구매 의사 표시가 있은 후에 하는 것이 좋다.
- 6가지 세일즈 클로징 기법을 세일즈 현장에 적극 활용하자.
- 클로징은 타이밍 포착이 중요하다. 너무 빨리해도 안 되고 너무 늦게 해도 안 된다.
- 세일즈 클로징을 위한 충분조건이 이루어지지 않은 상태에서 무리하게 클로징을 시도하지 말자.
- 클로징을 걸 때는 자신감을 가지고 자연스럽게 하자. 클로징은 고객에게 주문을 부탁하는 것이 아니라 고객의 당면과제에 대한 해결책을 제공하는 것이다.
- 클로징 단계에서는 고객의 의식적인 관여도가 높다. 가급적 말을 적게 하고 고객을 예의 관찰하고 주시하자.

7장

KEEPING CUSTOMERS
고객 관리

고객 관리 전략

고객 없는 세일즈맨은 존재할 수 없다. 세일즈맨은 자신이 일하는 회사가 아니라 고객에 의존해서 사는 사람이다. 고객은 세일즈맨이 섬기고 지켜야 할 가장 소중한 자산이다. 슬로건 따로 실천 따로인 고객 만족이 아니라 명실상부한 고객 만족이 일상 비즈니스 관행 속에 하루 속히 정착되어야 한다.

서양에는 '고객은 왕이다(Customer is a King)'라는 말이 있고 일본에는 고객이라는 낱말 뒤에 극존칭의 의미를 부여하는 '사마(樣)'라는 접미사를 붙이고 있다.

원래 세일즈라는 말의 어원은 봉사한다는 의미를 갖고 있는 바이킹 족의 'selje'에서 왔다고 한다. 우리나라에는 고객을 나타내는 말로 손님이라는 말이 있는데 이는 원래 손위의 님이라는 뜻을 가지고 있다고 한다. 말하자면 손님은 두 손을 가지런히 모아 그 위에 정성스럽게 모셔야 할 절대적인 존재라는 뜻이다.

그런데 우리의 현실은 과연 어떤가? 분야별로 약간의 차이는 있겠지만 지금까지 우리의 고객들은 과연 세일즈맨들로부터 손위의 님으로 대접받고 있는지, 아니면 발밑에 깔린 님으로 냉대를 받고 있는지 생각해 볼 필요가 있다.

우리의 고객 서비스 수준이 아직 후진성을 탈피하지 못하고 있는 것은 사회 문화적인 요인 등 다소 복잡한 요소들이 구조적으로 얽혀 있기 때문이다. 그러나 이런 열악한 환경에서도 남다른 고객 서비스를 제공하여 성공을 거두고 있는 기업과 개인들도 얼마든지 있다.

그들은 동네 포장마차일 수도 있고 대형 할인점일 수도 있다. 세계적인 대기업일 수도 있고 조그마한 중소기업일 수도 있다. 말하자면 고객이 있고 경쟁이 있는 경우라면 어떤 개인이나 기업들에게도 해당되는 이야기라는 것이다.

오늘날 자본주의 경제 사회에서 모든 기업과 개인들의 생사여탈권은 고객의 손안에 들어가 있다고 해도 결코 과언이 아니다. 세일즈맨으로서의 성패는 전적으로 고객을 어떻게 만들고 관리하고 유지해 가느냐에 달려 있다.

체계적인 고객 관리

세일즈 활동의 중요한 과제 중 하나는 체계적으로 고객을 관리하는 일이다. 고객이야말로 세일즈맨에게 있어서나 회사에 있어서 가장 고귀한 자산이기 때문이다. 특히 고객을 평생 고객으로 만드는 것은 무엇보다 중요하다.

이런 평생 고객들은 스스로 세일즈 에이전트가 되어 신규 고객 창출에 도움을 준다. 하지만 필자의 경험에 의하면 대부분의 세일즈맨들은 바로 이런 측면에서 미숙함을 보여주고 있다. 어렵게 공을 들여 첫 거래를 트는 데는 성공을 하고서도 그 다음 단계인 지속적인 사후 관리와 관계 유지를 제대로 하지 않아 모든 거래 관계가 일회성으로 끝나버리는 것이다. 그렇게 되면 세일즈맨은 몸만 고달파지고 세월이 흘러도 자신의 세일즈 기반이 구축되지 않게 된다. 그래서 항상 초보 세일즈맨들처럼 어려움과 스트레스에 시달리게 된다.

특히 국내 시장은 모든 분야에서 규모가 작고 서로가 복잡한 인맥으로 얽혀 있기 때문에 특정 세일즈맨에 대한 평판이 매우 빠르게 알려지고 있다. 신규 고객을 개척하는 것도 중요하지만 기존 고객과의 거래 관계를 확대하고 평생 고객으로 만드는 것은 더욱 중요한 세일즈 활동의 과제이다.

아래의 그림은 미확인 상태에 있던 잠재고객을 찾아내어 거래 관계를 맺고 지속적인 유대 관리를 통해 평생 고객으로 관리해 가는 프로세스를 보여주고 있다.

1 단계 : 미확인 상태에 있는 모든 잠재고객들에 대한 리스트를 만든다.
2 단계 : 확보된 모든 잠재고객들을 점검하고 확인하여 유망 잠재고객 리스트를 만든다.

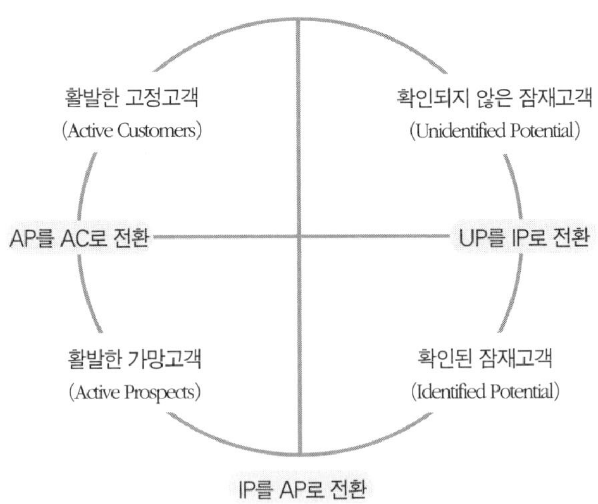

 당신의 세일즈를 페이백에 담아라

3 단계 : 유망 잠재고객 리스트를 토대로 세일즈 활동을 펼친다.

4 단계 : 첫 거래가 성사된 고객들과 거래관계를 확대하여 윈윈 파트너십 관계를 구축한다.

각 단계별 구체적 실천 전략은 업종이나 업태 그리고 회사 및 담당자가 처한 상황에 따라 천차만별로 달라질 수밖에 없다. 가능한 한 이런 구체적인 실천 전략은 자체적으로 개발하는 것이 좋고, 필요하면 부분적으로 외부 컨설턴트들의 전문적인 노하우를 활용할 수도 있을 것이다.

사후 관리 활동

세상에서 세일즈를 가장 잘하는 사람으로 인정되어 기네스북에 오른 미국의 조 지라드(Joe Girard)는 "본격적인 세일즈 활동은 고객으로부터 주문을 받는 순간부터 시작된다"라고 말했다. 그는 자동차를 판매하는 세일즈맨이었는데 실제로 고객으로부터 주문을 받은 후 더욱 열심히 고객과 접촉하면서 사후 서비스 활동을 펼쳤다고 한다. 이런 과정을 통해 감동받은 고객들이 지속적으로 주위 사람들에게 입 소문(word of mouth)을 내고 때로는 직접 소개도 하여 그의 세일즈 활동은 날개를 단 듯 승승장구 할 수 있었다.

이제 모든 분야에서 세일즈맨들의 성패는 거래 후 고객들의 판단에 의해 결정된다. 이제 우리도 조 지라드의 이러한 세일즈 철학을 벤치마킹할 필요가 있다. 아울러 다음과 같은 방식으로 사후 관리 활동을 더욱 강화해야 한다.

- 정기적으로 고객들에게 가치 있는 최신 정보들(신제품, 새로운 서비스 등)을 제공한다.
- 정기적으로 고객 만족도를 체크하고 불만 사항에 대한 피드백을 받는다.
- 고객의 기대 수준을 뛰어넘는 서비스를 제공한다.
- 내부 협조 체제와 팀워크를 강화하여 원 스톱 쇼핑 체제를 구축하고 회사의 가치 사슬(value chain)을 강화한다.
- CRM, DB, 웹 마케팅 등 세일즈 자동화 시스템을 적극 활용한다.
- DM, 이메일, 개인 서신 등 커뮤니케이션 수단을 다양화한다.

Summary

- 세일즈맨에게 있어서 최고의 자산은 고객이다.
- 한 건 주문을 받는 순간부터 그 고객에 대한 본격적인 세일즈 활동이 시작된다는 것을 명심하자.
- 신규 고객 개척도 중요하지만 이탈하는 고객을 최소화하자. 평균적으로 전체 고객의 20% 정도가 이탈하고 있는 것으로 나타나고 있다.
- 고객 머릿수 기준의 시장 점유율이 아닌, 고객 가슴속 만족도 기준의 시장 점유율이 중요하다.

고객 관리의 기본 사항

　우리 사회 각 분야에서 성공한 기업이나 개인을 자세히 살펴보면 그 이면에는 남다른 고객 감동 전략들이 빛을 발하고 있다. 바야흐로 고객들이 모든 것을 결정하는 시대가 온 것이다. 이런 고객 주권 시대에는 고객 감동 전략만이 유일한 해결책이다.

　오늘 하루에도 수많은 개인과 기업들이 벅찬 꿈을 안고 창업을 하는가 하면 또한 그만큼 많은 개인과 기업들이 쓰라린 패배를 맛보고 있다. 무엇이 이들의 성패를 결정하는 요인이 되고 있을까? 그것은 두말할 필요 없이 고객들의 힘이다. 그런데 흥미로운 것은 우리 주위의 어느 누구도 감히 고객들의 이런 막강한 힘에 대해 부정적인 생각을 갖고 있거나 세일즈 마케팅 전략으로서 그것을 평가절하하려는 사람들은 없다는 것이다. 말하자면 모두가 고객 만족의 중요성을 이해하고 맡은 분야에서 열심히 노력하고는 있지만 그 성과와 소득은 미미한 것이다. 왜 이런 현상이 일어나고 있을까? 그것은 물론 잘못된 노력 때문이다. 이는 정확한 현실을 보지 못하고 신기루만을 쫓는 행동을 했기 때문에 그런 결과를 가져온 것이다.

　필자의 경험에 의하면 이런 개인이나 기업들일수록 구호만 요란하고 제대로 된 실천이 부족했음을 알 수 있다. 고객 감동은 시스템이 아니라 고객들과의 접점에 있는 담당자들의 마음가짐과 태도의 문제이다. 고객과 직접 만나는 담당자가 자신을 위한 가치추구로 일관하면서도 고객을 위한 가치창조를 하고 있다고 착각하는 데서 문제가 발생하는 것이다.

과잉 세일즈는 금물

과잉 세일즈(over selling)란 특정 고객의 구매 능력이나 욕구의 범위를 초과하여 불필요한 품목이나 물량을 온갖 감언이설로 회유하여 구매하게 만드는 세일즈 행위를 말한다. 이런 현상은 주로 최종 소비자를 상대로 한 방문 판매 분야에서 흔하게 일어나는 일이지만 필자의 경험에 의하면 대리점 영업, 유통 영업 그리고 B2B 영업 등 거의 모든 세일즈 분야에서 무차별적으로 일어나고 있다.

그럼 왜 이런 바람직스럽지 못한 현상이 우리의 세일즈 풍토에 뿌리 내리고 있을까? 그것은 우선 세일즈맨들의 자기 중심적 이기심 때문이다. 고객을 세일즈 활동의 목적 그 자체로 보지 않고 자신의 세일즈 목표 달성을 위한 수단으로만 보려 하기 때문이다. 이런 세일즈맨들은 고객을 손위에 모셔야 할 고귀한 손님은커녕 하잘것없는 한 건의 주문서로밖에 보지 않는 것이다. 또한 그들은 고객에게 제품을 팔려고 하기 전에 고객의 진정한 욕구와 당면 과제가 무엇인지, 또한 어떻게 하면 고객을 위한 가치를 극대화할 수 있는지에 대해 아예 관심조차 갖지 않는다.

또한 일상의 세일즈 활동을 통하여 평생고객 개념이라든지 고객은 자산이라는 나름대로의 느긋한 세일즈 철학을 갖지 못하고 조급하고 근시안적인 생각만으로 고객들을 만나고 있다. 그리하여 자신과 회사에 역효과를 미치게 될지 모르는 과잉 세일즈 활동을 서슴지 않고 한다. 이들은 한 건의 주문을 받기 위해 때에 따라서는 지키지 못할 약속을 한다든지 제품의 특징과 이점에 대해 과장 설명을 하거나 허위 사실의 날조도 서슴지 않고 한다.

흔히 한국에는 제대로 된 세일즈 문화가 없다는 개탄의 목소리를 듣게 되는데 따지고 보면 그런 문제도 세일즈맨들의 이런 잘못된 과잉 세일즈 관행에 기인하고 있음을 알 수 있다.

과잉 세일즈가 빈번하게 일어나는 또 다른 이유 가운데 하나는 세일즈맨들의 세일즈 역량이 신통치 않기 때문이다. 필자가 살펴본 바로는 국내에서 세일즈 활동에 종사하고 있는 총 인력을 100으로 보았을 때 제대로 된 세일즈 교육을 받은 사람들은 10%도 채 안 되는 것으로 나타났다. 이런 상태에서 오직 팔아야만 살 수 있다는 일념만으로 고객을 만난다면 과잉 세일즈가 발생할 확률은 그만큼 높을 수밖에 없다.

입소문을 활용하라

바야흐로 세일즈 마케팅에 관한 모든 결정권을 고객들이 갖는 고객 중심의 시대가 다가왔다. 판매자가 주도적인 역할을 하던 전통적인 세일즈 마케팅은 이제 통할 수 없게 되었다. 이제 세일즈 마케팅의 화두는 고객이다. 명실상부하게 고객이 왕이고 주인인 시대가 도래한 것이다. 이런 상황에서 가장 중요한 세일즈 활동의 목표는 고객 가치 창조를 통한 고객 감동이다.

슬로건만을 위한 고객 감동이 아니라 한번 거래를 경험한 고객들은 누구나 단골 고객이 될 수밖에 없도록 만드는 그런 고객 감동이 되어야 한다.

진정한 고객 감동은 입소문을 통해 신속히 전파되며, 이는 판매에 중대한 영향을 미친다. 실제로 우리 주변을 돌아보면 구멍가게에서 대기업에 이르기까지 입소문이 좋은 업체들은 성공하고 그렇지 못한 경우는 실패한다는 사실을 절감할 수 있다.

다른 사람의 구매 경험이 신속하게 영향을 미치는 우리의 세일즈 환경에서는 입소문 전략이 큰 힘을 발휘할 수밖에 없다. 세일즈맨은 항상 한 명의 고객 뒤에는 수백 명의 잠재 고객이 있다는 사실을 잊지 말아야 한다. 즉 한 명의 고객을 감동시킬 수 있다면, 그는 다른 수백 명의 잠재 고객들을 연결해 주는 후원자가 될 것이다.

고객의 불평은 선물이다

미국의 TARP라는 소비자 문제를 연구하는 조사기관의 조사 결과에 의하면 고객이 어떤 거래에 매우 만족했을 때, 평균 8명의 주위 사람들에게 자신이 만족했던 경험담을 들려주지만 불만족한 경우는 그보다 훨씬 더 많은 22명에게 자신의 불편했던 경험담을 퍼뜨린다고 한다.

성공하는 세일즈맨이 되려면 고객이 제기하는 불평(customer's complaints)에 항상 겸허한 자세로 귀를 기울일 줄 알아야 한다. 물론 이것은 대단히 어려운 일이다. 그동안 세일즈 현장에서 필자가 만난 세일즈맨들 중에는 고객이 불평을 제기한다 하여 고객과 싸우는 사람도 있었다. 그의 말에 의하면 그 순간 자기가 느낀 인간적 모멸감과 분노를 생각하면 다른 선택은 있을 수 없었다는 것이다.

우리 속담에 "좋은 약은 입에 쓰다"는 말이 있다. 입에는 쓰지만 몸에는 좋기 때문에 우리는 쓴 약을 즐거운 마음으로 먹는 것이다. 이와 같은 원리를 어떻게 세일즈 활동에 적용할 수 있을까?

앞의 그림에서 보듯이 고객이 제기하는 불평불만이 오히려 고객의 선물이라는 생각을 해야 한다.

　서로가 바빠 오랫동안 만나지 못했던 한 친한 친구로부터 생일 선물을 받았다고 상상해 보자. 선물 상자를 들고 나타난 친구를 향해 당신이 던지는 맨 처음 말은 무엇일까? 틀림없이 "정말 반갑고 고맙다"일 것이다.

　선물은 받는 사람에 대한 주는 사람의 관심의 표시이다. 관심이 없는 상대에게 건네는 선물은 이미 선물이 아니다. 고객이 불평불만을 늘어놓는 것은 그만큼 당신에게 기대와 관심이 있다는 표시이다. 전문 조사 기관의 조사 결과에 의하면 불평불만을 제기하는 고객일수록 적절한 조치만 해주면 90% 이상이 고정 고객으로 다시 돌아온다고 한다.

고객의 불평은 선물이다. 고객이 당신을 향해 화난 목소리로 불평 불만을 제기해 오면 당신은 친한 친구로부터 선물 꾸러미를 받았다 는 기분으로 무조건 "지적해 주셔서 정말 고맙습니다."라고 반응해 야 한다. 이런 사고방식과 행동을 습관처럼 실천해야 한다. 그렇게 하는 것이 프로 세일즈맨이 되는 지름길이다.

S·u·m·m·a·r·y

- 고객의 불평은 선물이라는 믿음을 갖자.
- 이제는 고객 만족이 아니라 고객 감동만이 살 길이다.
- 입소문 세일즈 전략이 최고의 전략이다. 미국 TARP사의 조사에 의하 면 매우 만족한 고객은 8명의 주위 사람들에게 자신의 경험을 이야기 하는 반면, 불만족한 고객은 22명의 주위 사람들에게 자신의 경험을 이야기한다고 한다.

고객관계관리

세일즈나 마케팅 분야에 종사하는 사람들 사이에서도 고객관계관리(CRM : customer relationship management)를 세일즈 목표 달성을 위한 하나의 수단 이상으로 생각하는 경향이 있다. 그러나 이것은 크게 잘못된 것이다. 고객관계관리에 대한 개념이 제대로 확립되지 않는 상태에서 제대로 된 고객관계관리가 이루어질 수 없는 것은 당연한 일이다. 실제로 많은 기업들이 엄청난 규모의 돈을 투자해 고객관계관리를 위한 시스템을 구축해 놓고 실효성을 거두지 못하고 있는 경우가 허다하다.

고객관계관리가 지금 우리에게 중요한 과제로 떠오르는 이유는 모든 분야에서 경쟁이 점점 더 치열해져 가고 세일즈 환경이 고객 중심적으로 재편되고 있기 때문이다.

세일즈 환경은 공급자 중심에서 고객 중심으로, 일시적 거래관계에서 장기적 파트너십 관계로 변해 왔고, 이러한 경향은 앞으로 더욱더 강화될 것이다. 고객들의 욕구는 개인화되고 다양화되고 있으며, 고객관계관리는 그와 같은 고객들의 욕구 변화에 대한 대응 전략이라 할 수 있다.

왜 CRM인가?

고객들은 이제 공급처로부터 철저하게 차별화된 맞춤식 세일즈 서비스를 원하고 있다. CRM의 핵심 과제는 고객들의 이런 차별화된 욕구를 충족시켜 주는 데 있다.

일반적으로 세일즈맨들이 고객들의 욕구(needs)에 신속 정확하게 대처하지 못하는 것은 정보의 부족과 부정확성 때문이다. 물론 이를 해결하는 가장 이상적인 방법은 세일즈맨의 정기적인 현장 방문일 것이다. CRM은 바로 이런 측면에서 세일즈맨들에게 결정적인 도움을 줄 수 있다.

CRM은 구축 및 활용 방법에 따라 세일즈 효율성 증대에 획기적으로 기여할 수 있다. 이를테면 CRM은 거래하는 고객별로 어떤 제품을 어느 시점에 구매했는지 추적하여 고객별 재구매 시점이나 다른 필요 품목, 거래 물량 등을 파악할 수 있게 한다. 이는 향후 세일즈 활동 자료로 유용하게 활용될 수 있을 것이다.

세일즈의 성과를 측정하고 분석하는 측면에서 80:20의 법칙이 있다. 통상적으로 매출 및 이익 측면에서 80%를 기여하고 있는 고객들의 수는 전체 고객 수의 20%에 해당되는 몇 개의 주요 고객들(key accounts)에 불과하다는 것이다.

그런데 대부분의 세일즈맨들은 이렇게 중요한 고객들을 제대로 관리하지 못하여 실패에 직면하게 되는데 그 원인을 따져보면 십중팔구가 CRM의 실패에 기인하고 있음을 알 수 있다.

앞으로 갈수록 모든 분야에서 세일즈 경쟁은 고객 점유율 경쟁으로 변화될 것이다. 이러한 세일즈 환경에서 CRM은 이제 더 이상 해도 되고 안 해도 되는 선택의 문제가 아니라 반드시 실천해야만 하는 필수 과제가 되었다.

CRM과 CS

과거와 같은 공급자 중심의 시장 환경에서는 CRM에 신경을 쓸 필요가 없었다. 그러나 지금과 같은 수요자 중심의 세일즈 환경에서는 CRM이야말로 성공 세일즈를 위한 유일한 대안이 되고 있다. 실제로 모두가 힘들어하는 지금과 같은 어려운 상황에서도 좋은 세일즈 성과를 내는 세일즈맨이나 기업들을 들여다보면 그 밑바탕에는 남다른 고객관리 전략을 실천하고 있음을 알 수 있다. 흔히 CRM이라고 하면 종래의 CS 활동을 떠올리는 사람들이 있는데 이 둘은 다음과 같은 측면에서 확연히 구별된다.

- CS가 여러 고객들을 대상으로 하고 있다면 CRM은 1:1로 고객에 초점을 맞추고 있다.

- CS가 서비스 품질에 대한 고객 만족 지표에 초점을 맞추고 있다면 CRM은 고객별 수익성에 초점을 맞추고 있다.
- CS가 고객들을 서비스 대상으로 보지만 CRM은 고객들을 상생을 위한 파트너로 본다.

88년 올림픽을 전후하여 국내에 도입되기 시작한 CS 경영은 그간 적지 않은 성과에도 불구하고 다음과 같은 근본적인 한계성 때문에 최근 그 열기가 점점 식어가고 있는 실정이다.

- 고객은 천차만별이므로 일률적으로 평가하고 측정하는 것이 불가능하다.
- 고객별 수익성이나 전략적 가치와 연계된 고객관리가 불가능하다.
- 고객 가치 창조를 위한 실천 전략으로서보다는 기업의 홍보 전략 차원에서 활용되고 있다.

CRM을 넘어서

CRM은 고객들과의 모든 거래 관계를 1:1 관계로 규정하고 실시간으로 개별화되고 차별화된 서비스를 제공한다는 점에서 지금까지 그 어떤 세일즈 마케팅 전략보다 분명히 앞선 전략이라 할 수 있다. 지금까지 대부분의 세일즈 마케팅 전략들은 말로만 고객 중심을 외치면서 실천 과정에서는 자기 중심적 다중 마케팅으로 일관해 왔다. 이를테면 가치 사슬(value chain) 전략도 그러했고 CS 전략도 그러했다. 시대 변화와 함께 지금까지 수많은 세일즈 마케팅 기법들이 한때의 유행처럼 나타났다 소리 없이 사라지는 이유도 다 그런 이유 때문이었다.

모든 분야에서 고객이 중심이 되는 지금과 같은 상황에서 CRM이 지향하는 철학과 기법들을 제대로 실천하는 것은 성공하는 프로 세일즈맨으로서 갖추어야 할 필요조건이 되고 있는데 여기엔 의문의 여지가 없다.

그러나 한없이 복잡 미묘하고 수많은 변수들에 의해 끊임없이 움직이는 고객들의 욕구와 감정을 컴퓨터 프로그램을 이용해 따라잡겠다는 것 자체가 무리이다. CRM이 성공하려면 무엇보다 먼저 CRM 만능주의에서 벗어나야 한다. CRM은 하나의 도구이자 수단일 뿐이다. 극단적으로 이야기하면 CRM은 하나의 통에 지나지 않는다. 통에 금을 넣으면 금이 나오고 먼지를 넣으면 먼지가 나올 수밖에 없다. CRM이 갖고 있는 이런 한계성을 극복하기 위해 이제는 CRM이 아니라 CRE(Customer Relationship Engineering)를 이야기하는 사람들도 있다. 하지만 CRM이든 CRE든 명칭이나 기법의 차이가 중요한 것은 아니다. 세일즈의 성패는 이런 세일즈 도구들의 정보처리 용량이나 정확성에 있지 않다. 어떤 분야든 세일즈의 성패는 고객과의 접점에서 세일즈맨의 능력과 노력에 의해 결정되기 때문이다. 이런 측면에서 볼 때 많은 돈을 투자하여 첨단 CRM 시스템을 갖춘 기업들일수록 제대로 된 세일즈 인력 확보와 교육 투자에는 인색하다는 것은 아이러니가 아닐 수 없다.

S·u·m·m·a·r·y

- CS와 CRM의 차이점을 이해하자.

- CRM은 고객 관리를 위한 수단일 뿐이다.

- CRM은 세일즈 상황에 맞게 맞춤화 되어야 한다.

- CRM의 효용성에 대한 과신은 금물이다. CRM에 투자하는 만큼 세일
  즈 인력에도 투자하자.

새로운 여정의 시작

우리는 지금까지 PAYBACK 시스템을 살펴보았다. 인생은 끊임없는 선택의 과정이라고 할 수 있다. 분명한 사실은 지금까지 여러분들은 두 가지 측면에서 너무도 탁월한 선택을 했다는 것이다. 그 첫째는 하늘의 별처럼 많은 직업들 가운데 세일즈라는 좋은 직업을 선택했다는 것이고, 둘째는 지금까지와는 다른 보다 창의적인 세일즈 활동을 위해 이 책을 독파했다는 사실이다.

우리의 삶은 끊임없는 세일즈 과정이기도 하다. 아기는 이 세상에 태어나는 순간 엄마를 향해 울면서 젖을 달라고 한다. 그리고 살아가면서 아침에 눈뜨는 순간부터 저녁에 잠자리에 드는 순간까지 누군가를 향해 무엇을 설득하려 한다. 큰 틀에서 보면 이런 것들도 모두 일종의 세일즈 활동이라 할 수 있다.

자본주의 경쟁 사회를 살아가는 데 있어서 세일즈 능력만큼 절실하게 우리에게 요구되는 능력도 없다. 개인이든 조직이든 이런 세일즈 능력을 갖추지 않고서는 어떤 경우에도 그들의 존재 목적을 달성해갈 수 없기 때문이다. 우연의 일치이기는 하지만 영어 단어 SALE 에서 A모음에 강세를 주고 약간 길게 발음하면서 전체 단어를 천천히 읽어보라. 그러면 '살려면 무언가를 팔아야 한다' 라는 의미가 전달될 것이다.

또한 한자의 사람인(人) 자를 보면 두 사람이 서로 기대고 있는 모습을 볼 수 있는데 이것은 결국 상대방을 이해시켜서 함께해야 한다는 의미이다. 말하자면 인간은 끊임없이 누군가를 설득하여 함께하지 않으면 안 되도록 숙명 지어진 존재라 할 수 있다. 즉 우리 모두가 세일즈맨들인 셈이다. 교회의 목사는 하느님의 존재를 파는 세일즈맨이며 의사, 변호사, 예술가, 정치인도 마찬가지다.

말하자면 지금까지 함께한 PAYBACK 세일즈 모델은 세일즈 활동을 전문으로 하는 세일즈맨뿐만 아닌, 우리 사회 각 분야의 모든 전문 직업인들에게도 꼭 필요한 것임을 알 수 있다.

문제는 실천이다

무엇을 이해한다는 것과 그것을 실천한다는 것은 전혀 별개의 문제이다. 사람에 따라서는 무엇을 이해하고 쉽게 지나쳐 버리는 사람들이 있는가 하면 한번 배운 것을 지속적으로 사고하고 실천에 옮김으로써 일종의 습관으로까지 연결시키는 사람들도 있다. 물론 전자보다는 후자의 학습 방법을 택하는 사람들이 더욱 성공적인 삶을 살고 있다. 특히 이런 원칙은 세일즈 외에 스포츠, 예술 등 전문 분야일수록 더 잘 통용될 수 있을 것이다.

그런 측면에서 볼 때 지금까지 함께한 PAYBACK 세일즈 전략을 통해 어떤 성과를 얻어낼 수 있는지는 독자 개인의 몫이라 할 수 있다. PAYBACK의 원리와 기법들을 단순히 이해하는 차원에서 끝내 버리는 것과 이런 원리들을 일상생활에서 지속적으로 실천하여 습관화하는 단계로까지 발전시키는 것에는 엄청난 차이가 있다. PAYBACK은 이해의 대상이 아닌 실천의 대상임을 명심하기 바란다.

비단 세일즈뿐만 아니라 모든 분야에서 성공하는 전문가들은 실천력이 왕성한 사람들이다. 이런 사람들은 무엇을 알려 할 때도 체계적이고 지속적인 노력을 다하여 끝내 뿌리를 뽑고야 만다. 그렇게 하지 않고는 자신의 분야에서 진정한 승자로 살아남을 수 없다는 사실을 잘 알고 있기 때문이다.

PAYBACK과 같은 효과적인 세일즈 전략 모델을 접하고서도 그냥 지나쳐 버리는 사람들이 있다면 그 이유는 대개 다음과 같은 두 가지 이유에서일 것이다.

첫째는 그런 골치 아픈 세일즈 이론을 몰라도 잘할 수 있다는 생각 때문이다. 이들은 대개 세일즈 활동의 성패는 자신의 능력이나 노력보다는 외부적인 어떤 힘에 의해 좌우된다고 믿고 있다. 말하자면 굳이 PAYBACK을 모르더라도 될 일은 되고, 안 될 일은 안 된다고 믿는 일종의 숙명론자들이다.

둘째는 이런 자기 개발 노력에 대한 중요성과 의미를 미처 자각하지 못하기 때문이다. 이들은 자기 스스로가 회사라는 자본주의 사회의 기본 원리와 구조를 아직 자각하지 못하고 있다. 세일즈맨은 회사에 의존해서 월급을 받고 사는 직원이 아니라 거래하고 있는 고객들에 의해 스스로 매출과 이익을 창출하고 그 성과에 따라 소속된 회사로부터 상응한 대가를 돌려받는 1인 기업의 사장이라 할 수 있다. 말하자면 세일즈맨들은 소속된 회사와 일종의 서비스 용역 계약을 맺고 있는 사람들인 것이다. 따라서 회사는 당연히 세일즈맨의 생산성과 품질 수준을 일정 기간별로 평가하고 그 결과에 따라 앞으로의 거래관계를 확대할 것인지, 아니면 단절할 것인지를 결정하게 되는 것이다. 그런데 앞으로 갈수록 이런 추세는 더욱 강화될 전망이다.

PAYBACK은 결코 새로운 이론이 아니다. PAYBACK에서 제시된 모든 기법들은 독자들이 이미 알고 있는 것일지도 모른다. 왜냐하면 세일즈란 결국 고객들과의 커뮤니케이션 그 이상도 이하도 아니기 때문이다. 세일즈와 관련된 거의 모든 문제들은 이해의 부족에 기인한다기보다는 실천이 이루어지지 않고 있는 데에 있다.

PAYBACK 시스템을 두뇌에 장착하자

사람들은 무엇에 관한 단편적인 지식만으로 마치 그것에 대해 모든 것을 알고 있는 양 착각에 빠지는 경향이 있다. 이런 현상을 쉽게 이해하기 위해서는 인간의 두뇌 구조와 작동 원리에 대한 지식이 필요하다.

인간의 두뇌는 5가지 감각기관을 통해 외부로부터 유입되는 정보를 저장하게 된다. 이런 정보는 두뇌 각 부위의 신경세포에 기억의 형태로 저장된다. 기억에는 장기 기억과 단기 기억이 있는데, 단기 기억은 한순간의 의식 형태로 잠시 인식될 수는 있어도 본인의 행동이나 사고에 결정적인 영향력을 미치지는 못한다. 이런 단기 기억은

지속적이고 반복적인 자극이 가해지면 장기 기억으로 발전하게 되
는데 장기 기억은 대부분 무의식 상태로 보존된다. 말하자면 본인도
의식하지 못하는 상태에서 두뇌 속 어디엔가 저장되고 있는 것이다.

이를테면 우리가 운전을 처음 배우는 단계에서는 주로 단기 기억
에 의존하여 필요한 장치들을 작동시키게 된다. 그렇기 때문에 처음
운전을 배울 때는 누구나 극도로 긴장하게 되는 것이다. 그러나 오
랜 세월 의식적으로 똑같은 행위를 되풀이하게 되면 소위 반복 학습
의 효과에 힘입어 운전과 관련된 모든 단기 기억들이 장기 기억으로
전환하게 된다. 일단 이런 장기 기억 상태, 즉 무의식적 단계로 발전
하면 본인 스스로가 의도적인 노력하지 않아도 습관처럼 자연스럽
게 행동으로 옮기게 된다. 운전에서 이런 경지는 운전을 오래 해본
사람이면 누구나 맛볼 수 있는 것이다. 말하자면 운전대에 앉는 순
간에서부터 목적지에 다다르는 순간까지 거의 모든 과정이 일종의
무의식 상태에서 습관적으로 이루어짐을 알 수 있다. 산업교육 전문
가들은 이런 최종 학습 단계를 '습관화의 단계'라 부른다.

우리는 흔히 스포츠나 예술 분야에서 이름을 날리는 스타들의 절
묘한 기량만을 즐기고 그들이 그 경지에 이르기까지 기울인 피눈물
나는 자기 개발 노력에 대하여는 애써 외면하려고 한다. 그러나 실
제로 피아니스트들은 손가락에 피가 맺히도록 건반을 두드려야 하
고, 축구선수들은 발가락이 문드러지도록 공을 차지 않으면 스타가
되는 것은 불가능하다. 이들은 수많은 시행착오와 반복 학습을 통하
여 실전에서 요구되는 전 과정을 거의 무의식적으로 완벽하게 재현
할 수 있도록 최선의 노력을 다하는 것이다.

역사상 손꼽히는 천재이기도 한 미국의 발명왕 에디슨도 천재는

99%의 땀과 노력에 의해 만들어지는 것이라고 했다. 세일즈 활동은 피아니스트가 피아노를 치고, 축구선수가 축구공을 차는 데 견줄 수 없을 정도로 고도의 집중력과 기술이 요구되는 전문 분야이다.

이 책에서 제시된 PAYBACK의 원리와 기법들은 하나같이 지속적이고 반복적인 학습과 실천을 통해 우리의 두뇌 속에 장착되어야 할 것들이다. 우리의 삶의 화두를 PAYBACK으로 삼는 것은 어떨까? 어차피 우리의 삶은 세일즈로 이루어져 있으니까 말이다.

| 참고문헌 |

Alfred Tack, *1000 Ways To Increase Your Sales*, Cedar Books.

Jack Carew, *You'll Never Get No For An Answer*, Pocket Books.

Brian Tracy, *Advanced Selling Strategies*, Fireside.

Neil Racham, *SPIN Selling*, McGraw-Hill, Inc.

Walter A. Friedman, *Birth of a Salesman*, Harvard Univ. Press.

Zig Ziglar, *On Selling*, Thomas Nelson Inc.

Hyrum W. Smith, The 10 Natural Laws of Successful Time and Life Management, Warner Books, Inc.

무라야마 토오루, 『CRM 고객관계관리』, 대청미디어

Daniel Goleman, *Emotional Intelligence*, A Bantam Book.

Clous Moller, *Be a Double Bagger*, TMI A/S.